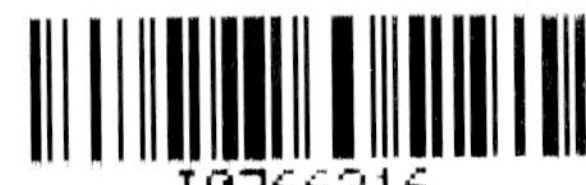
I0766216

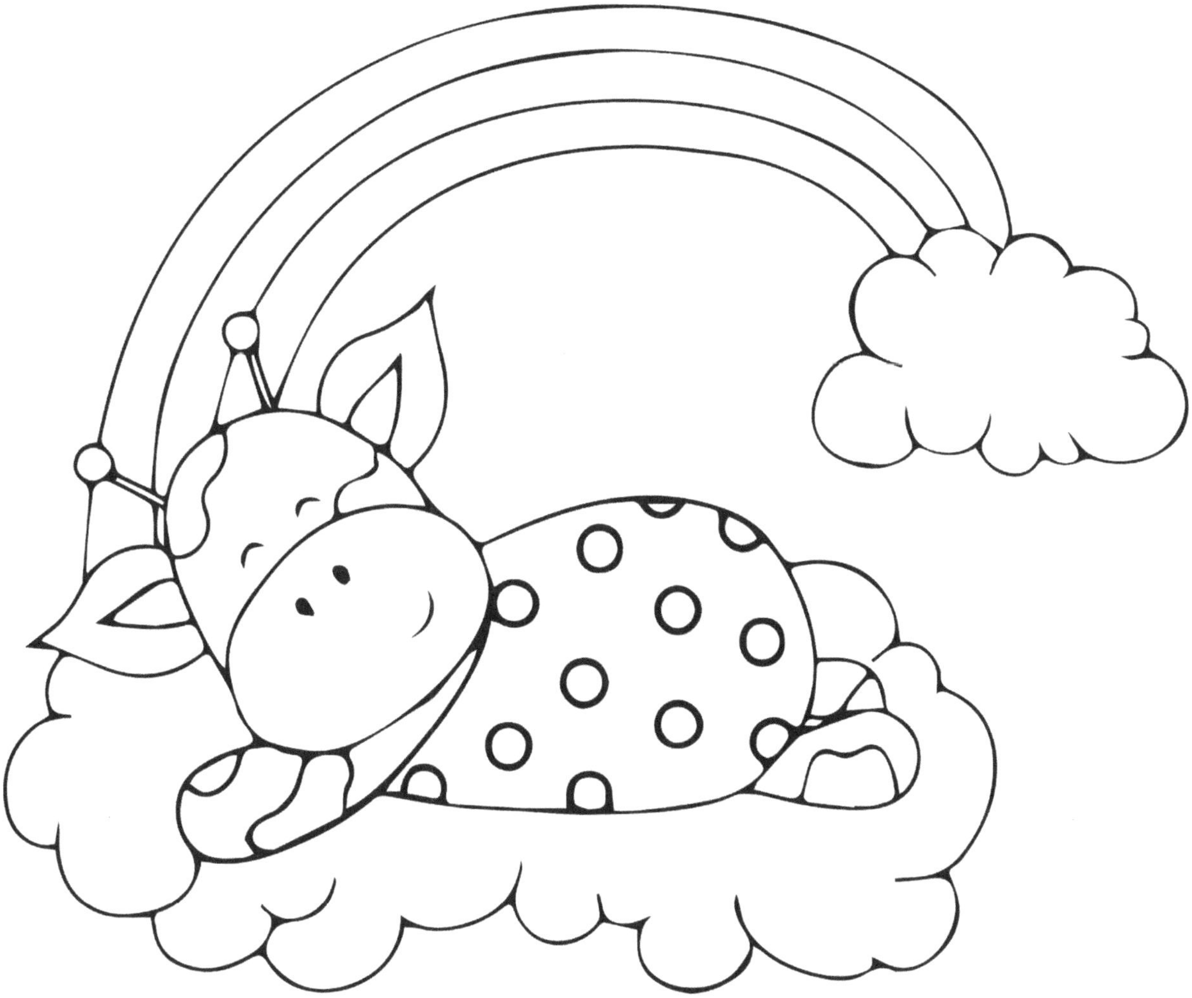

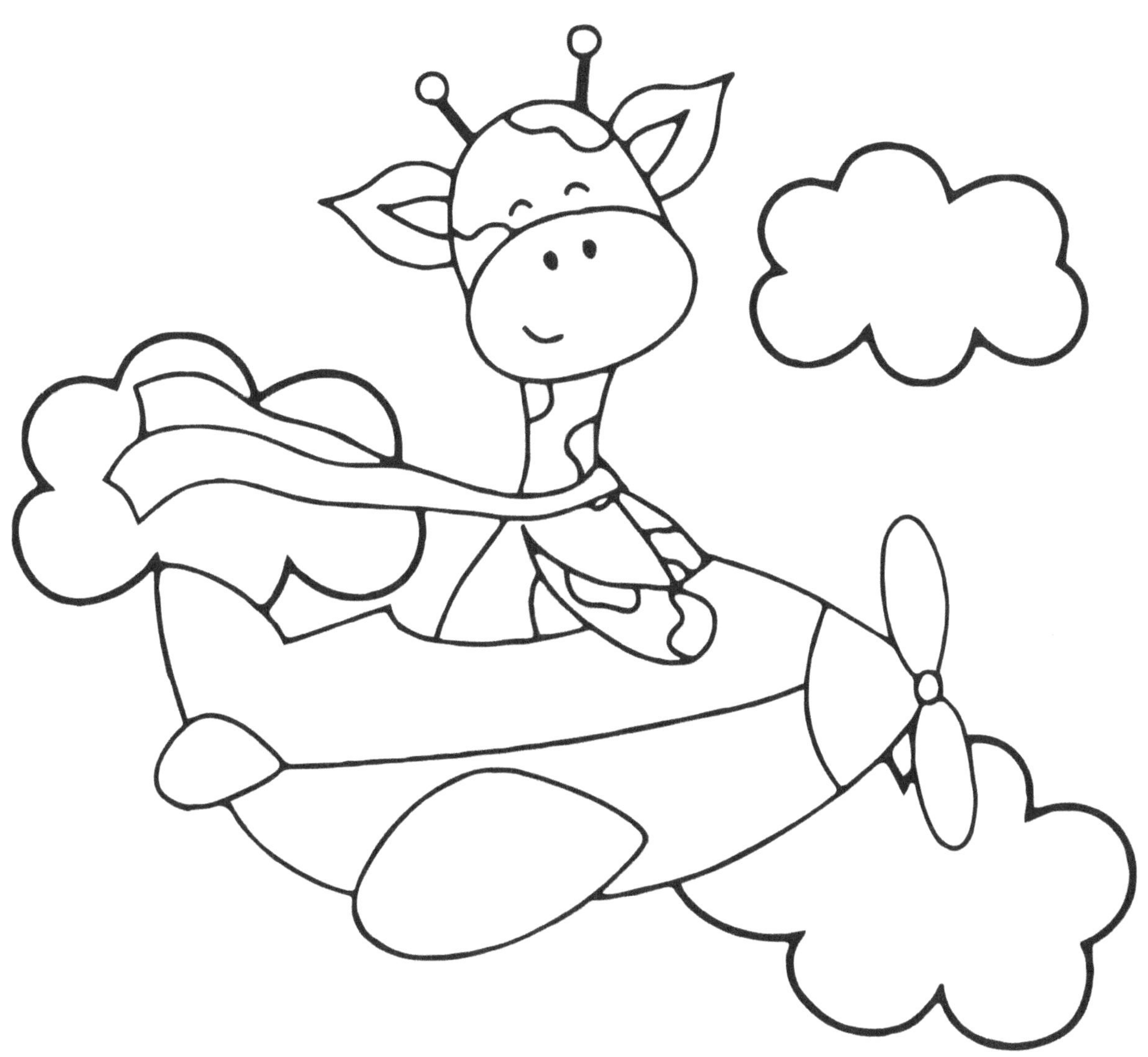

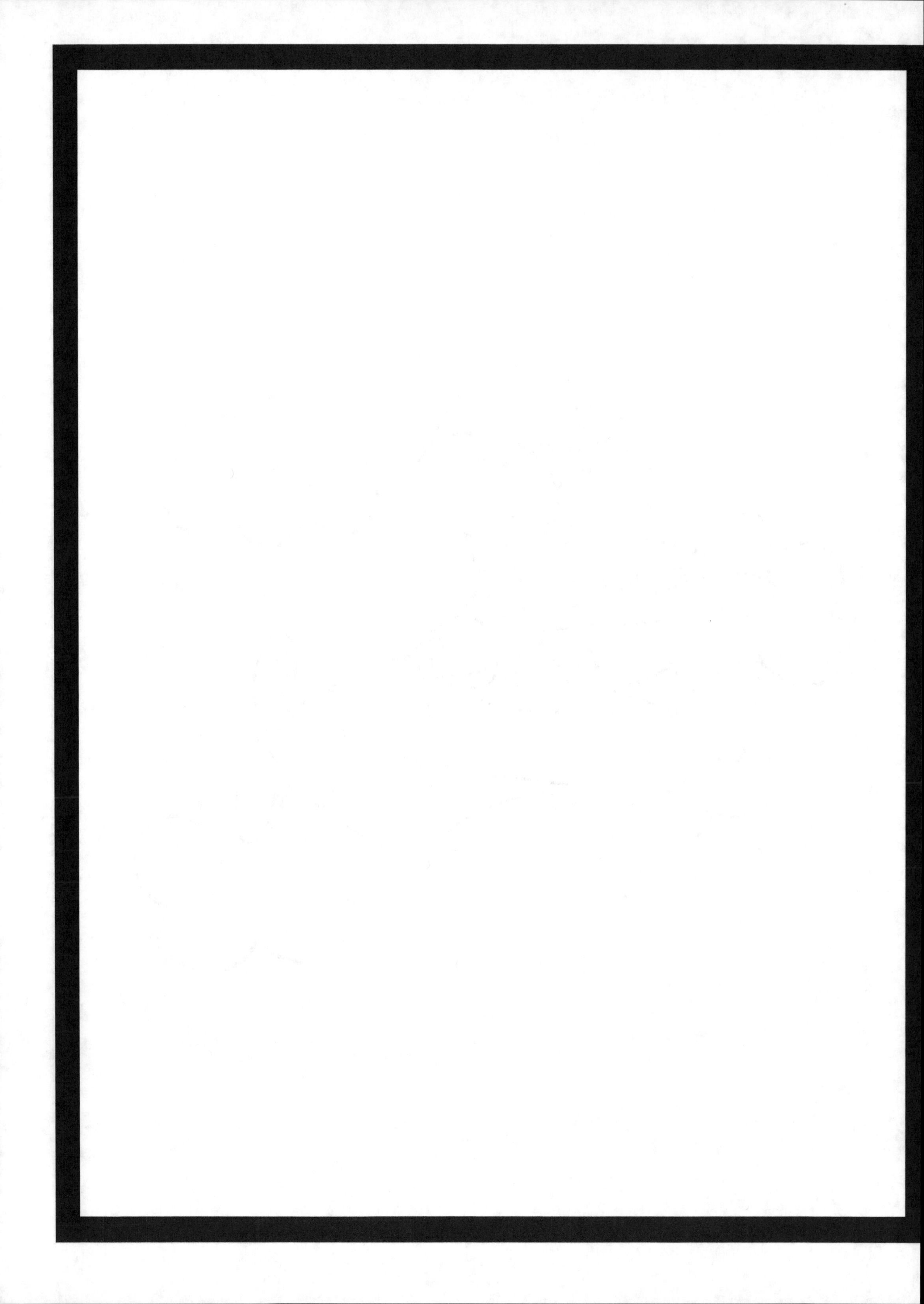

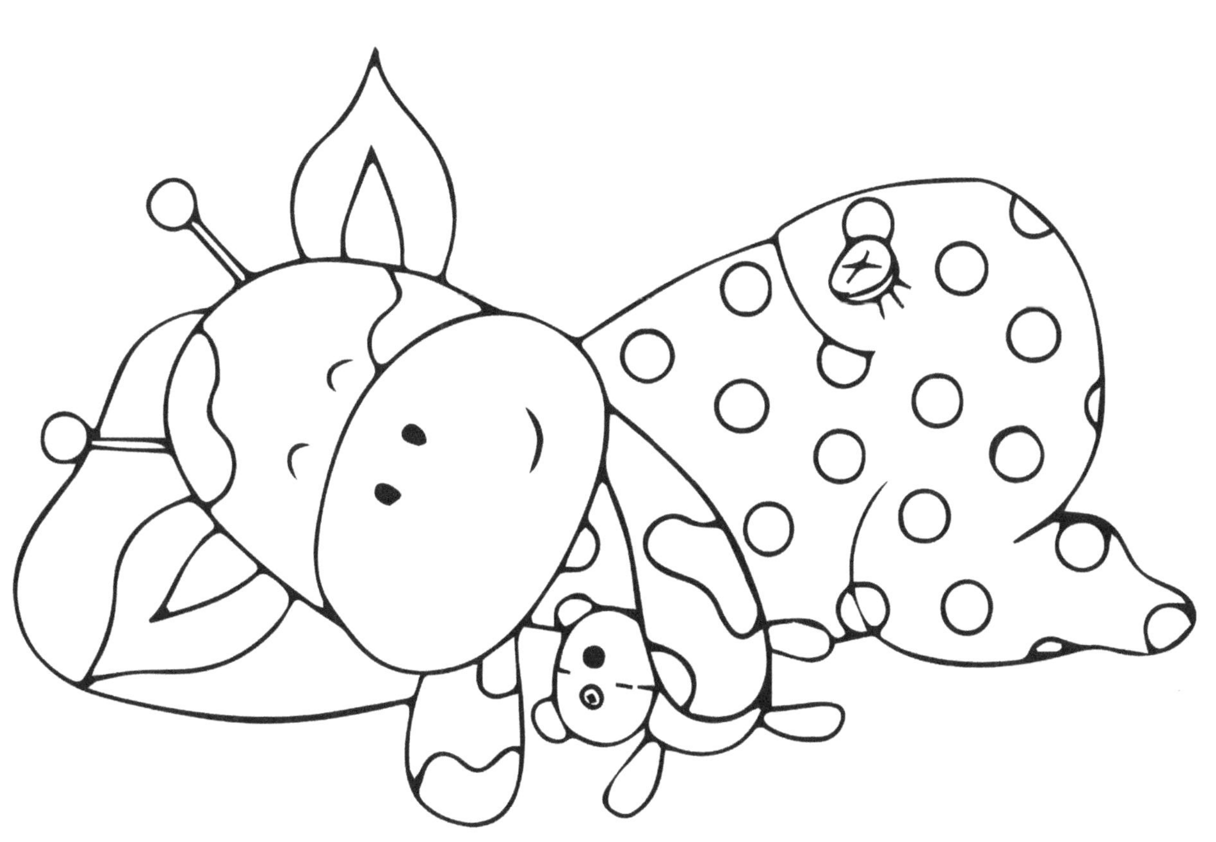

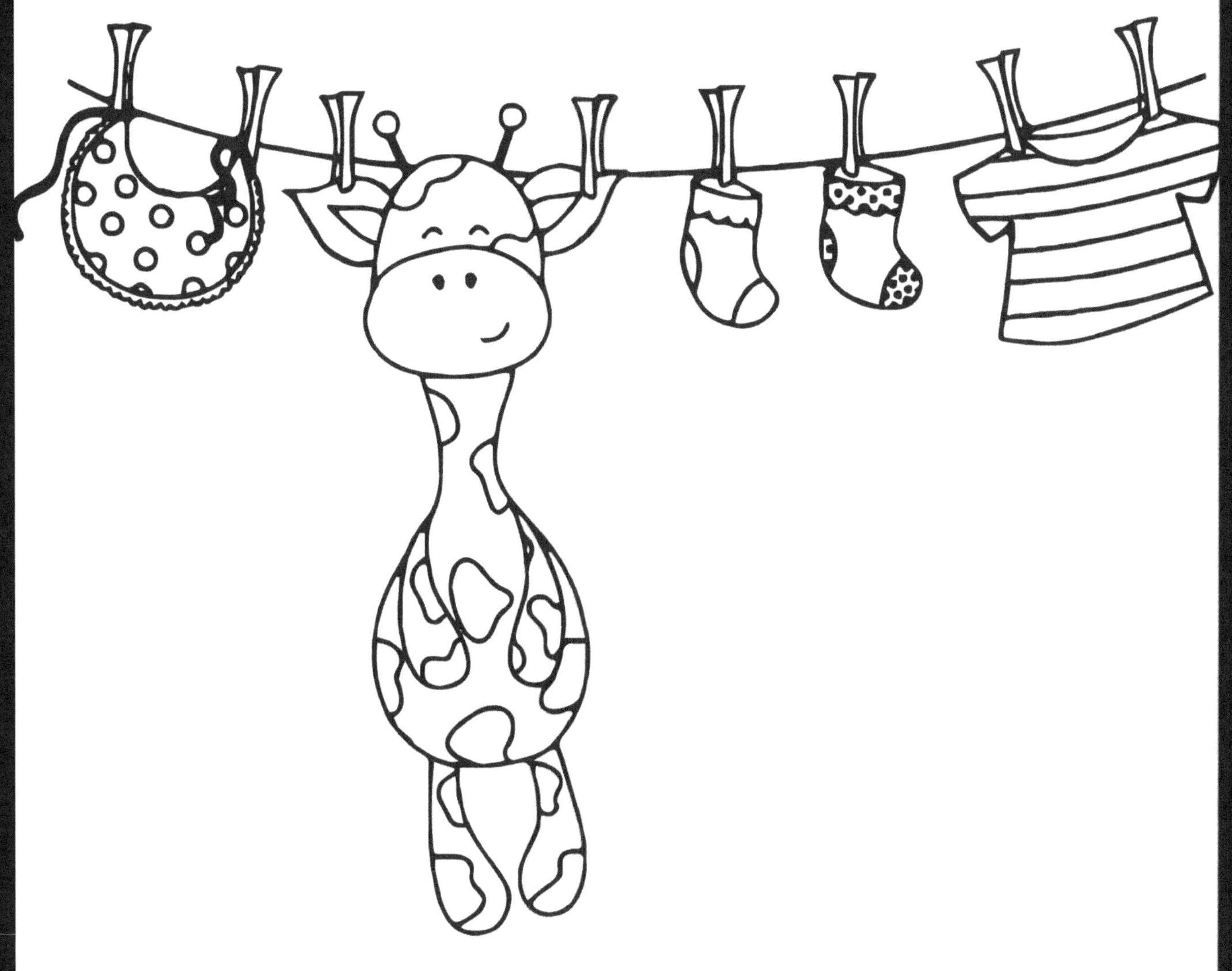

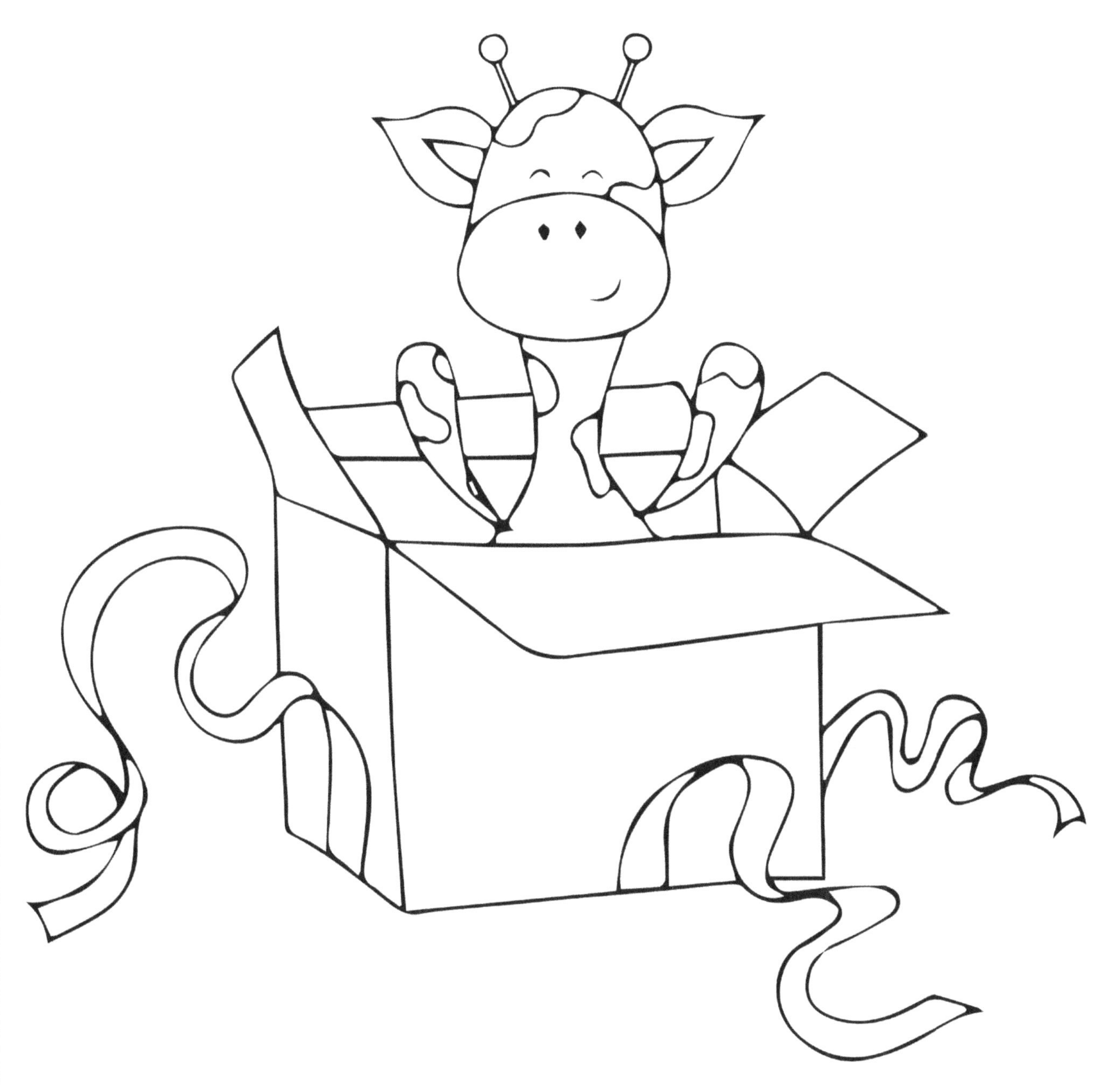

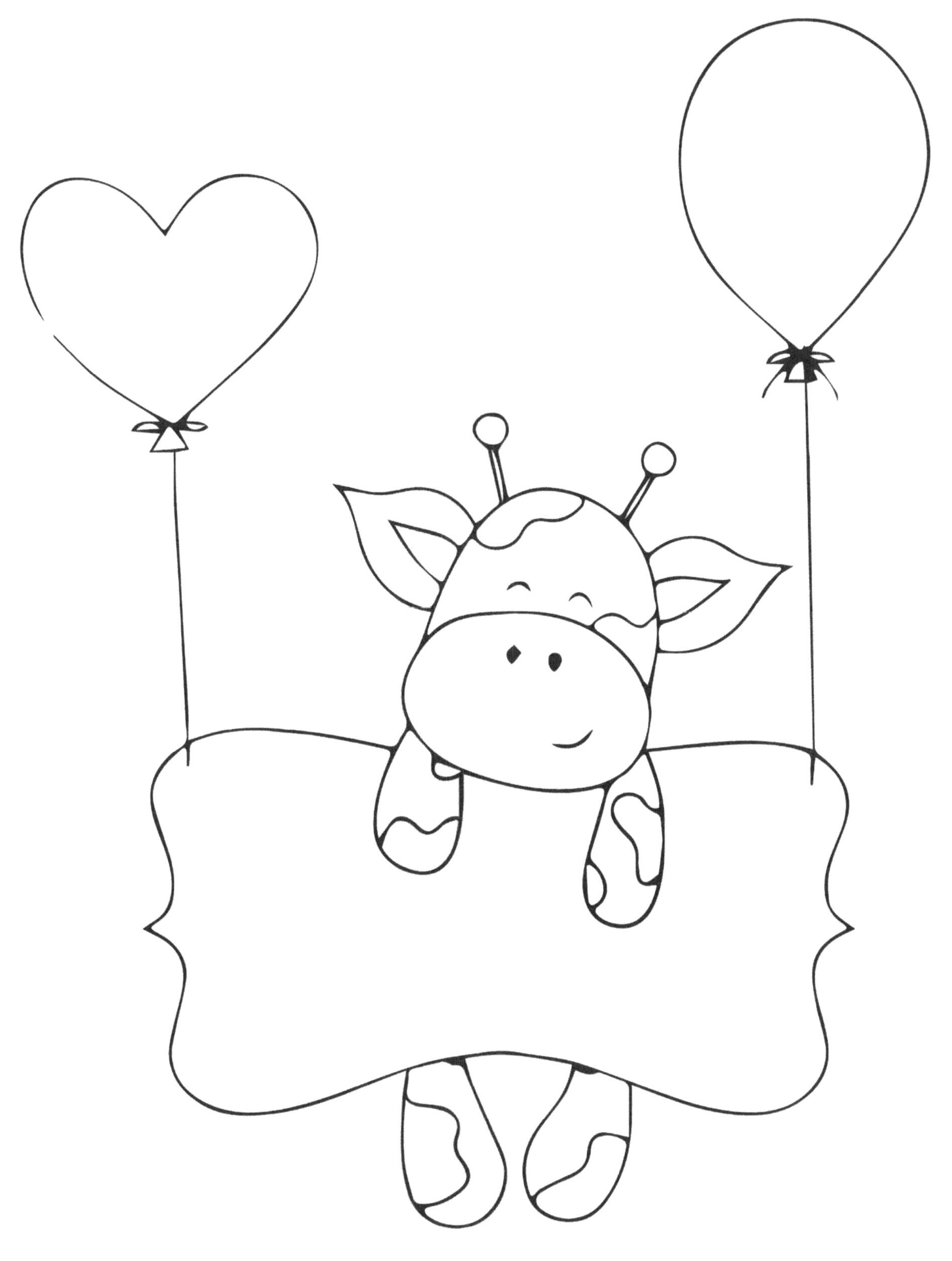

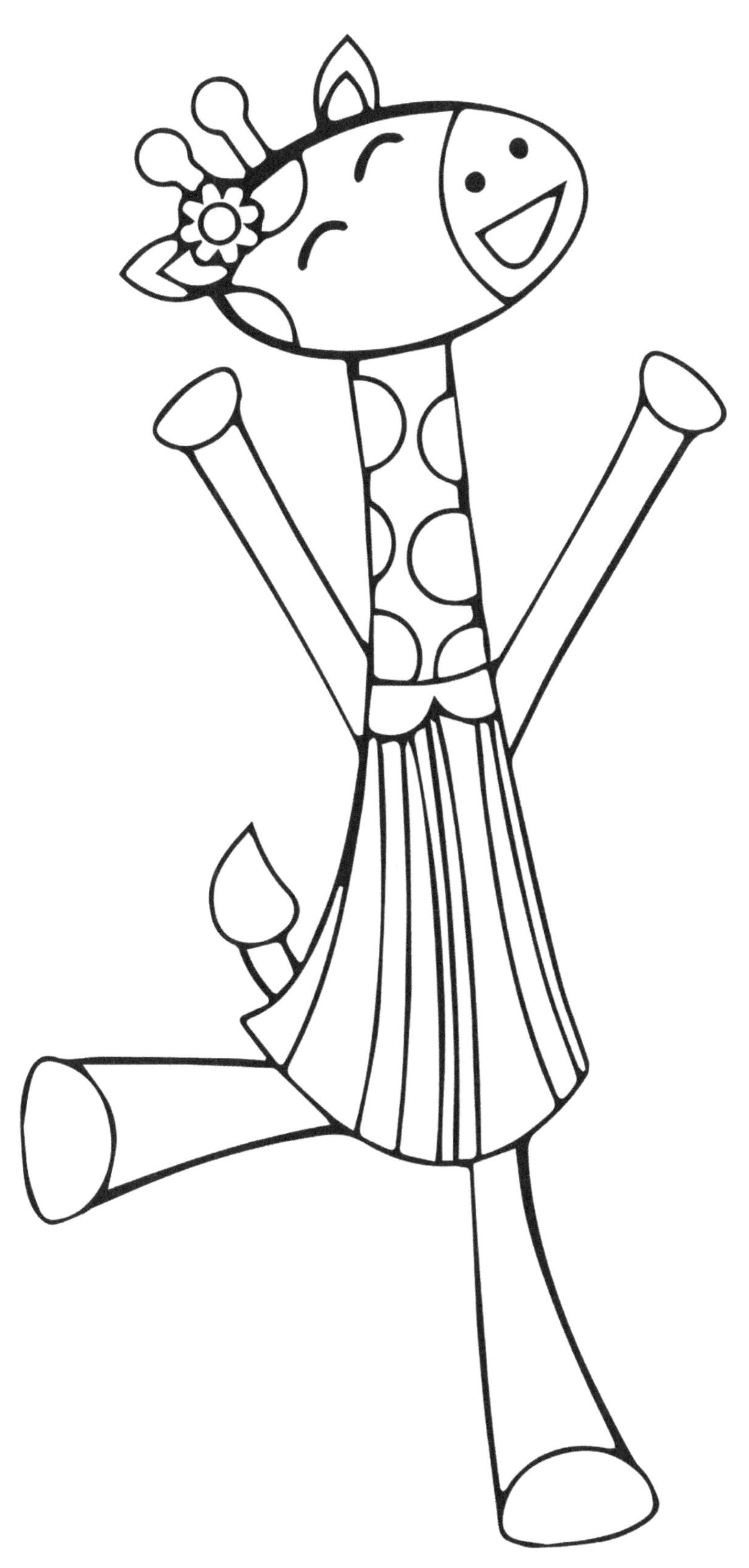

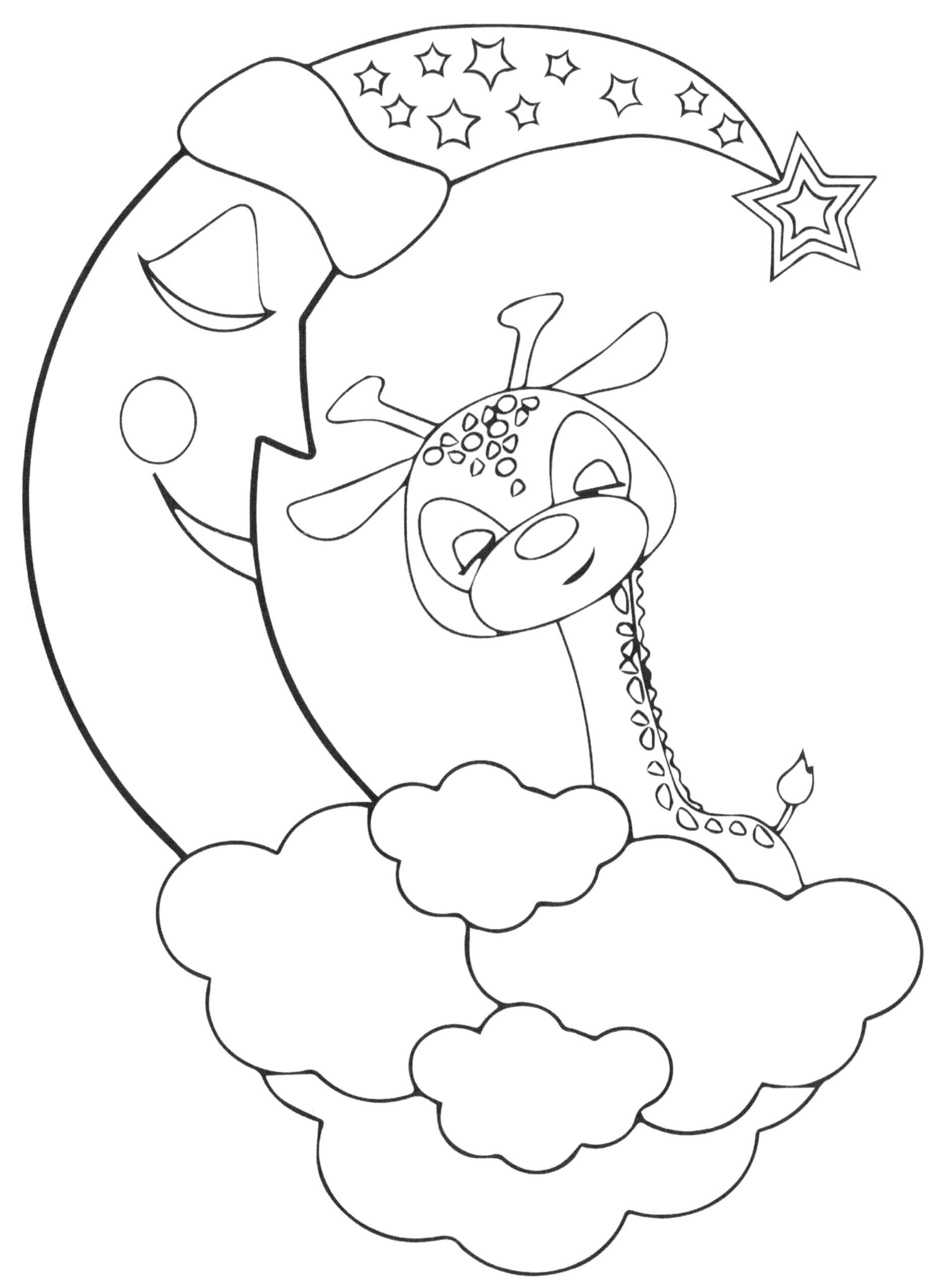

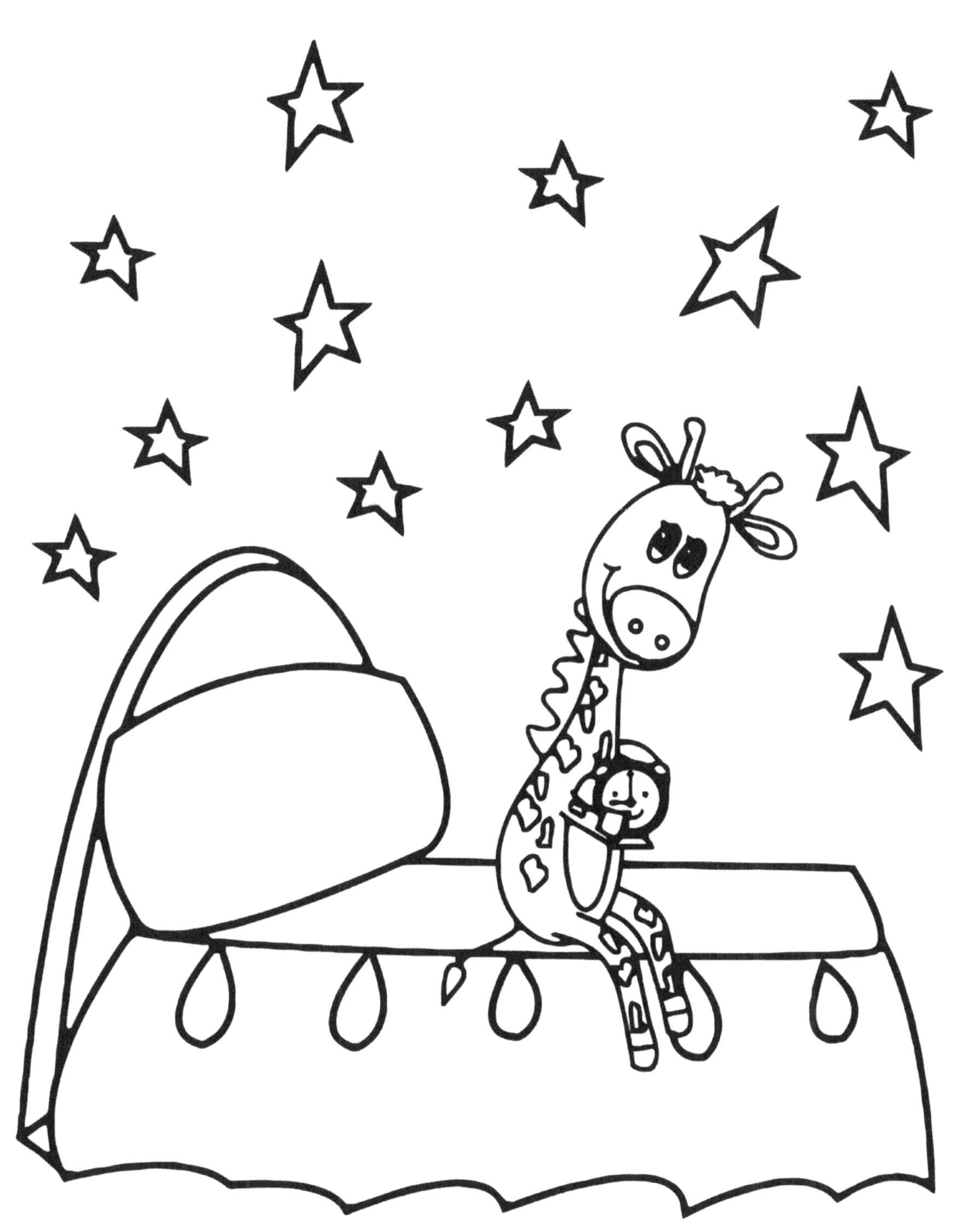

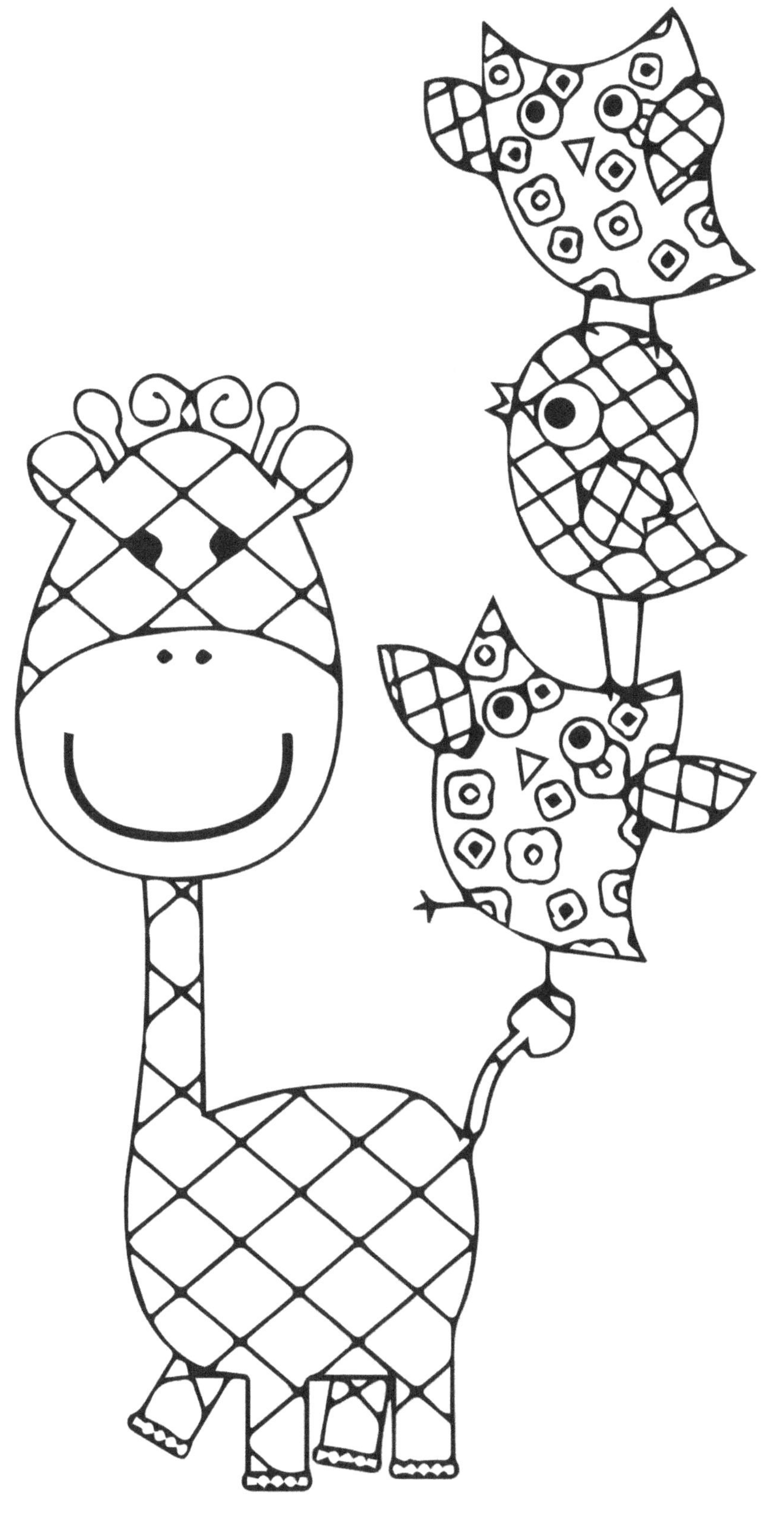

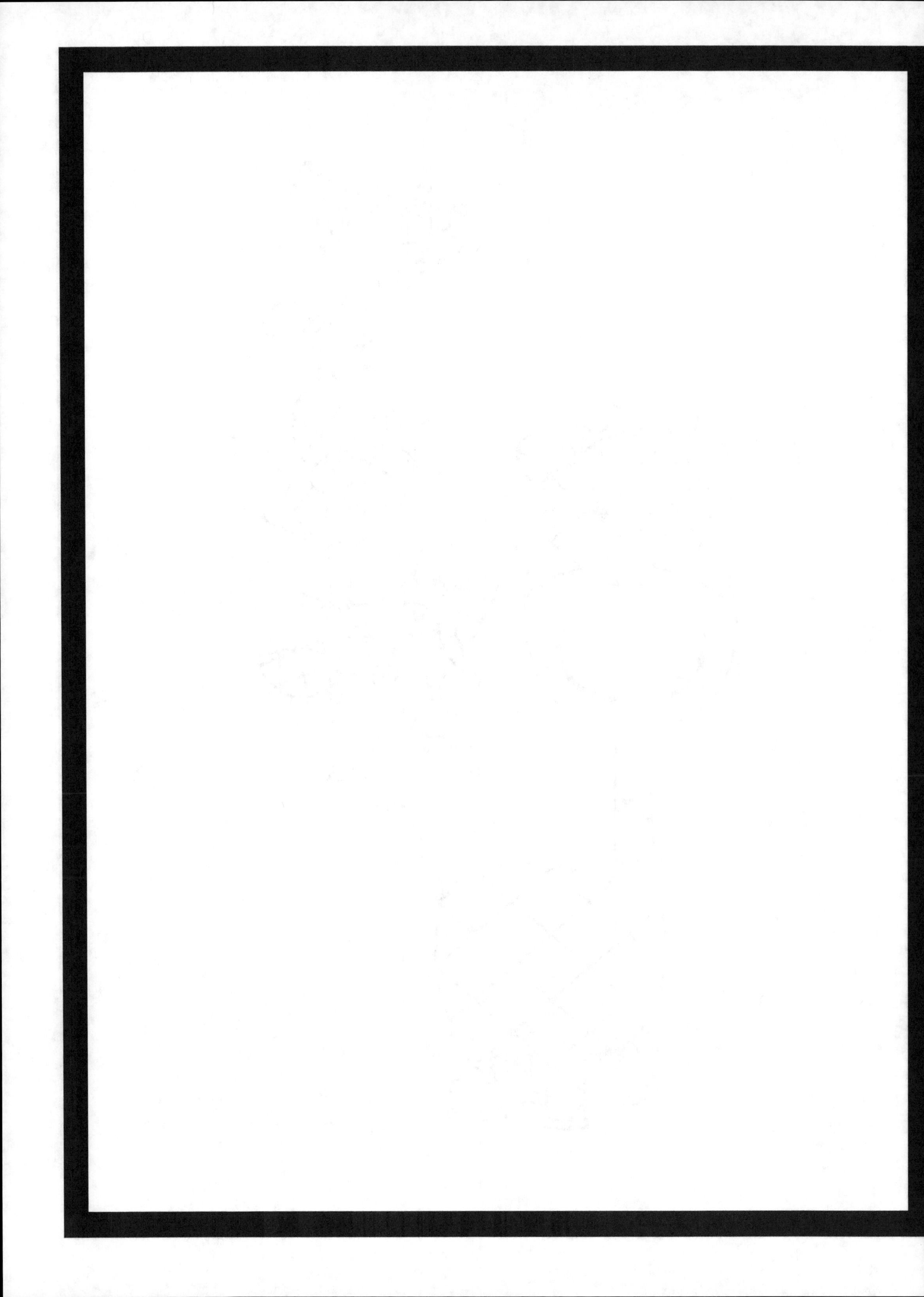

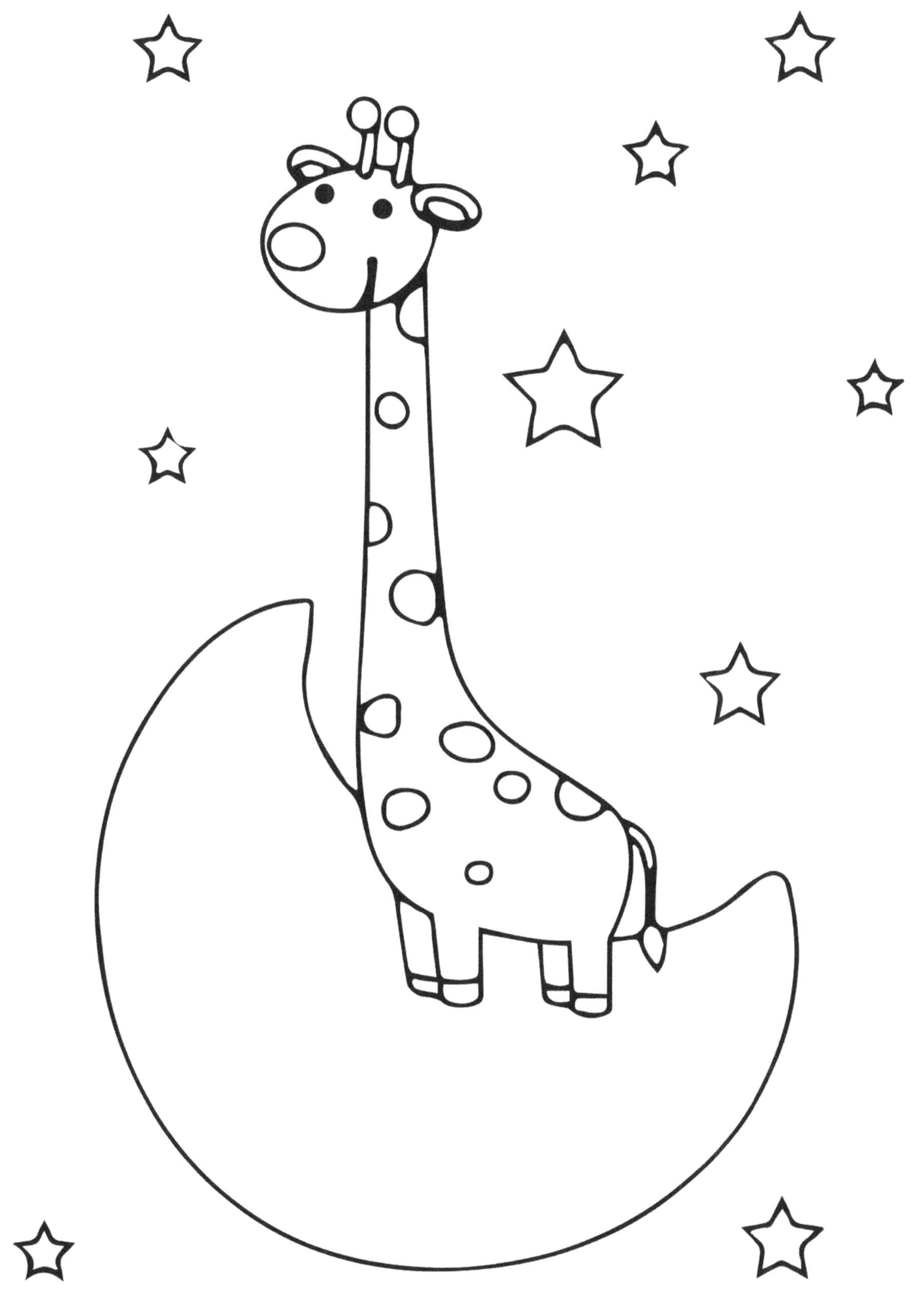

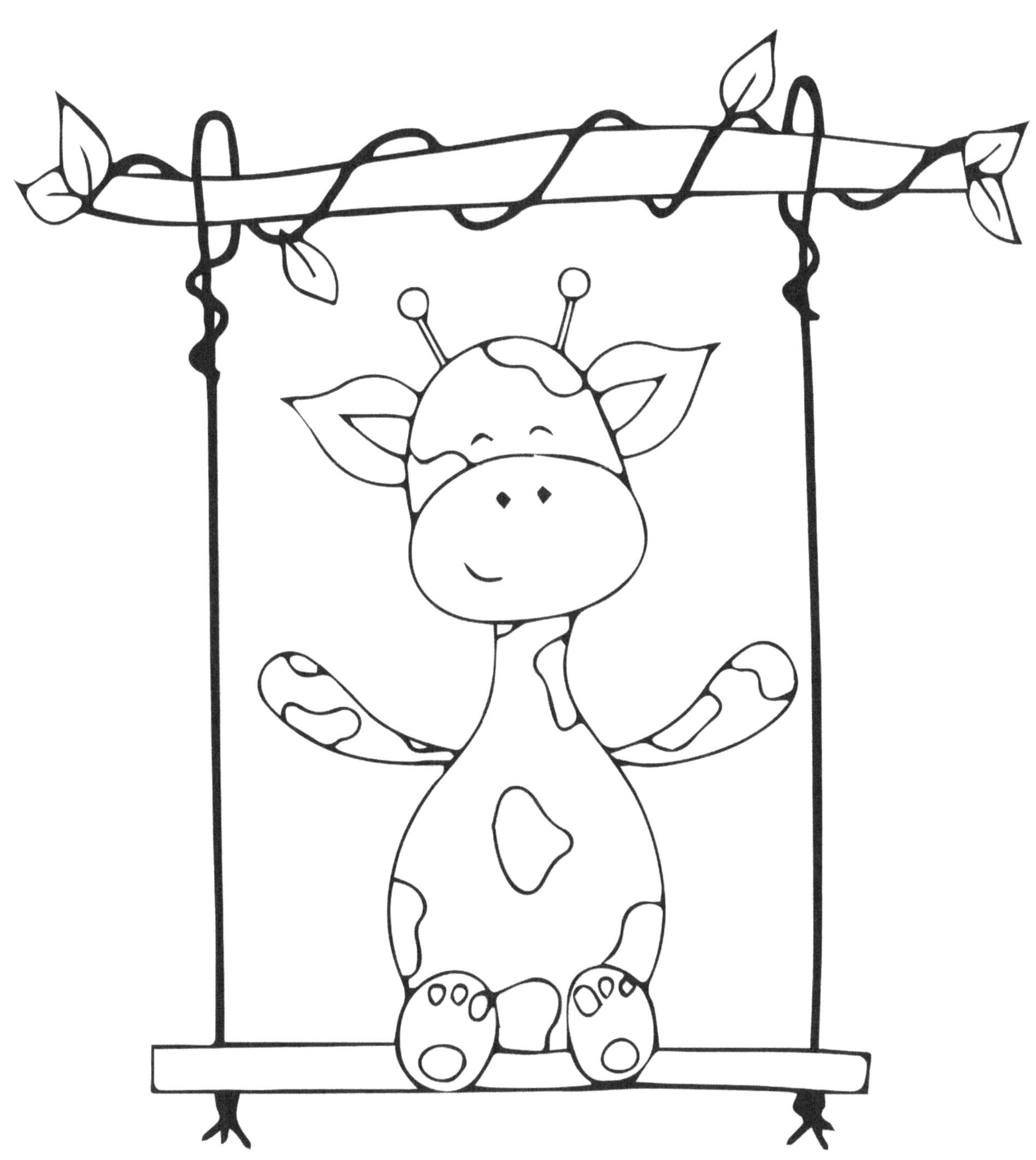

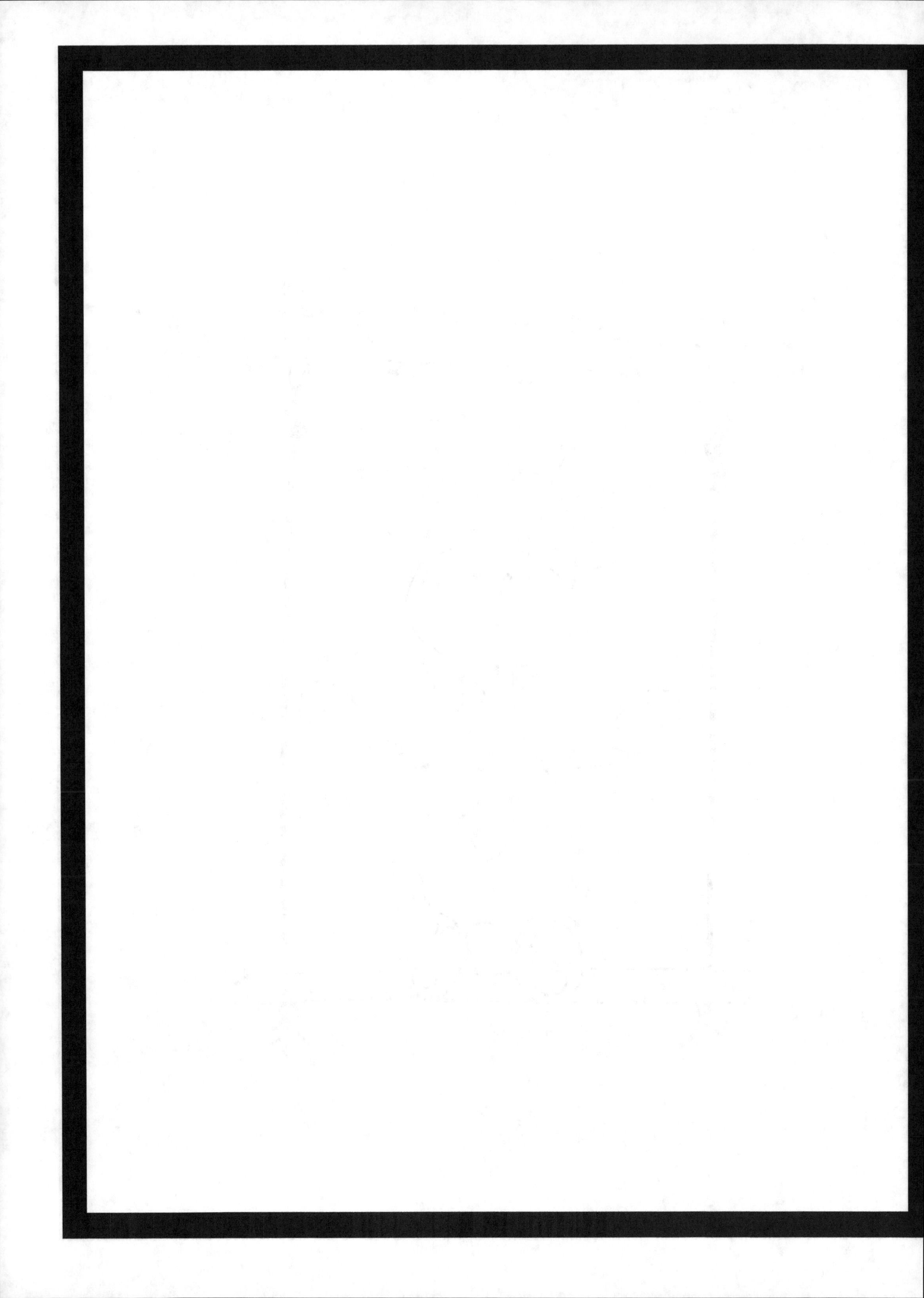

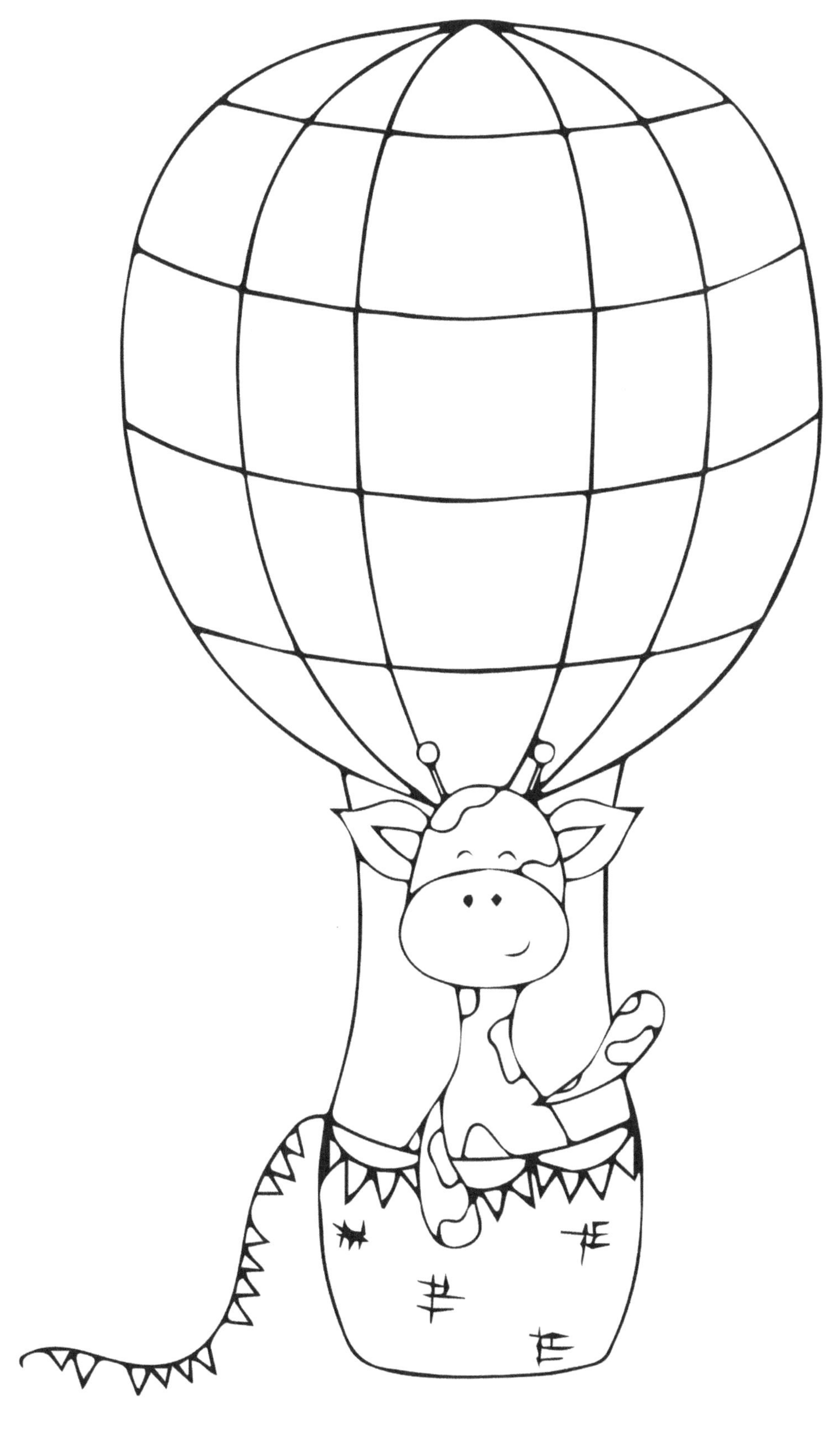

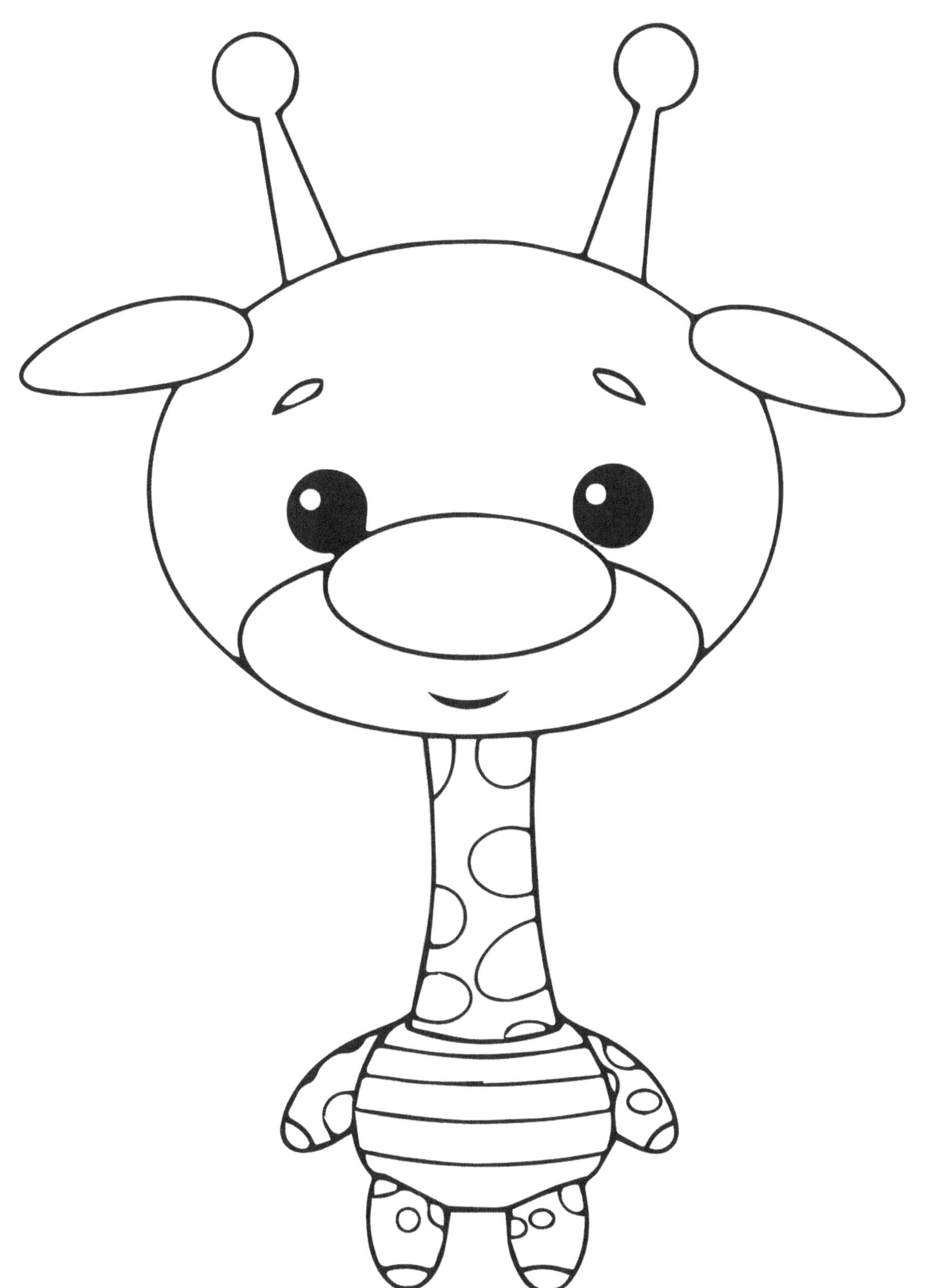

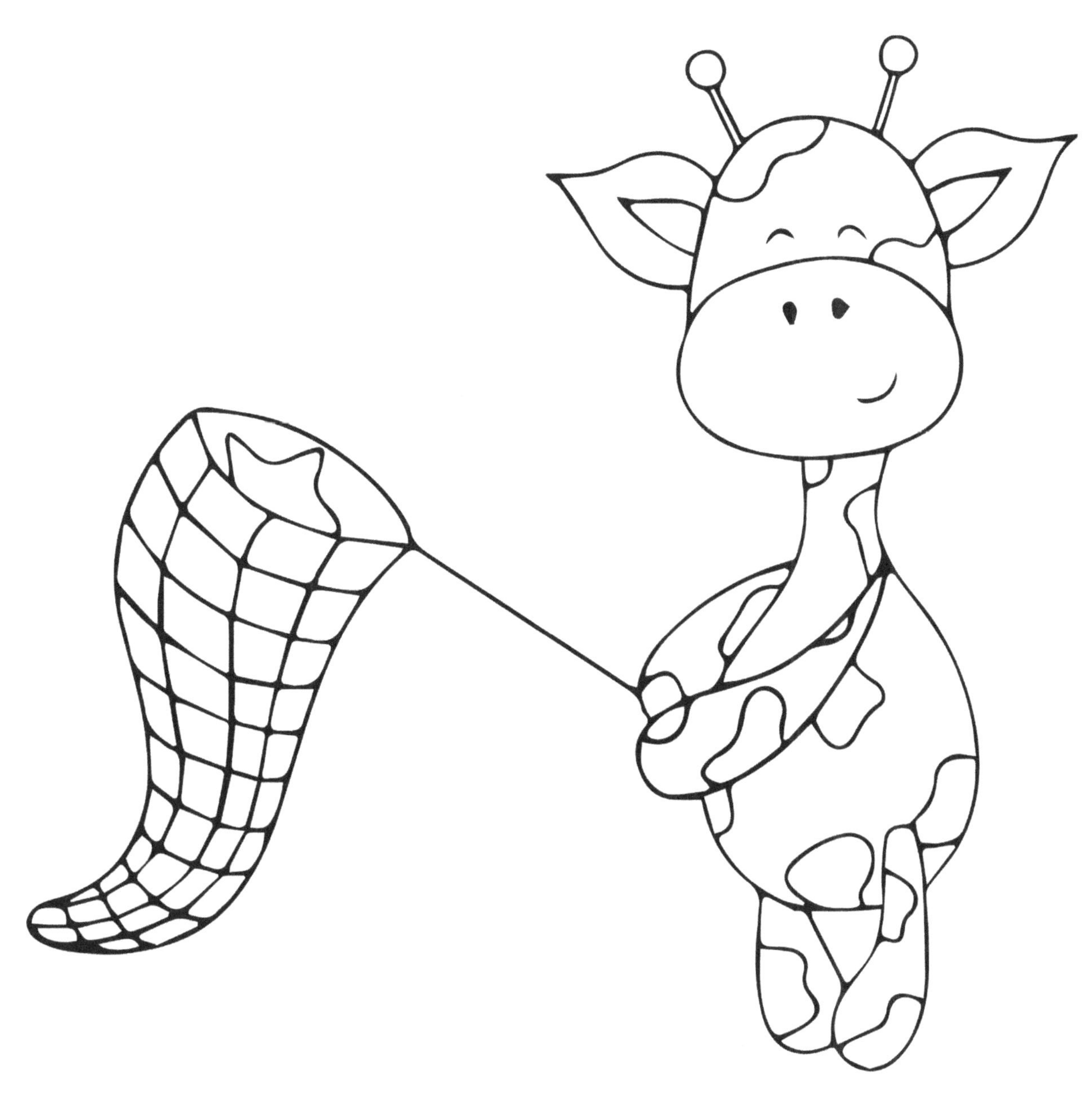

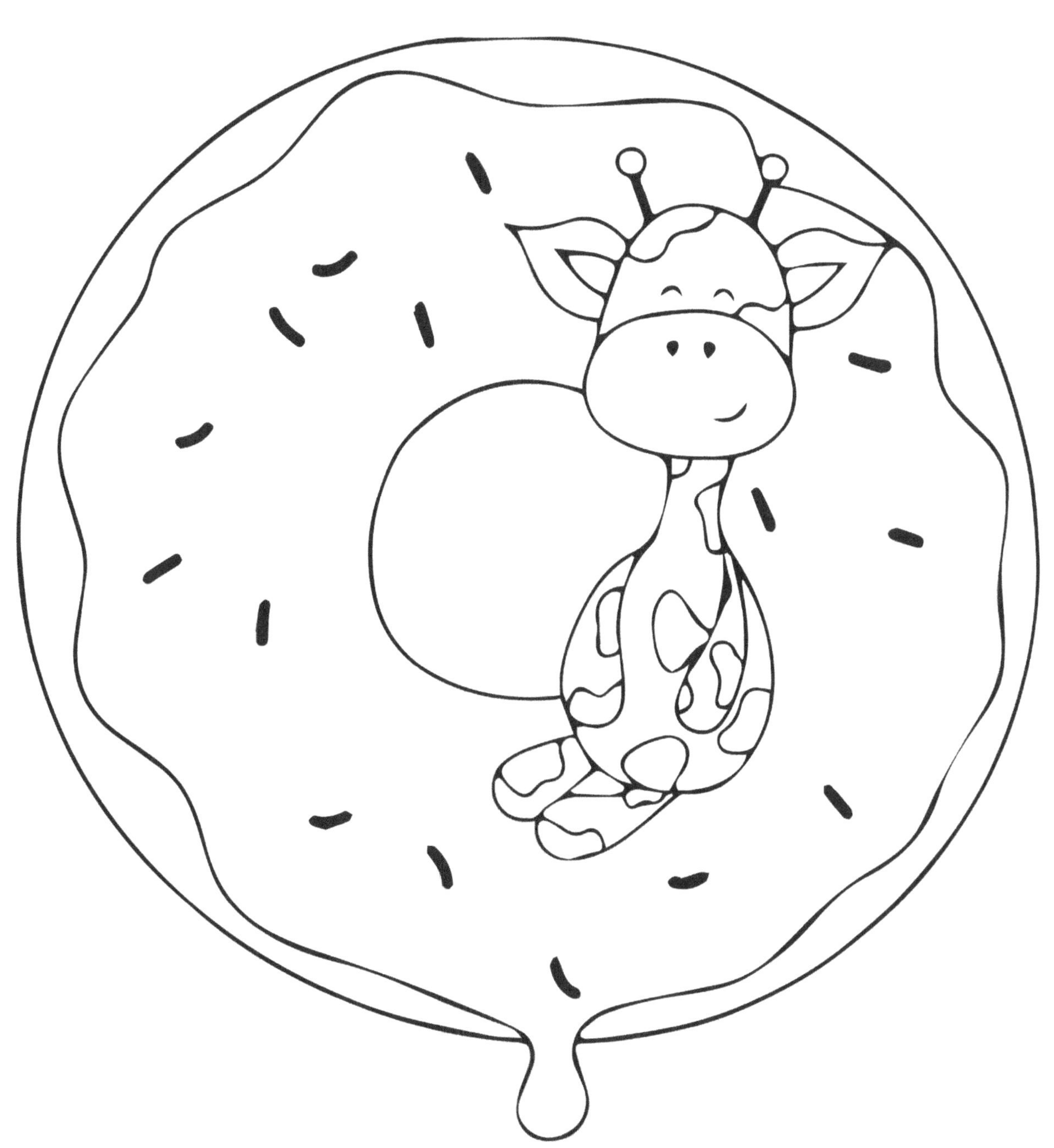

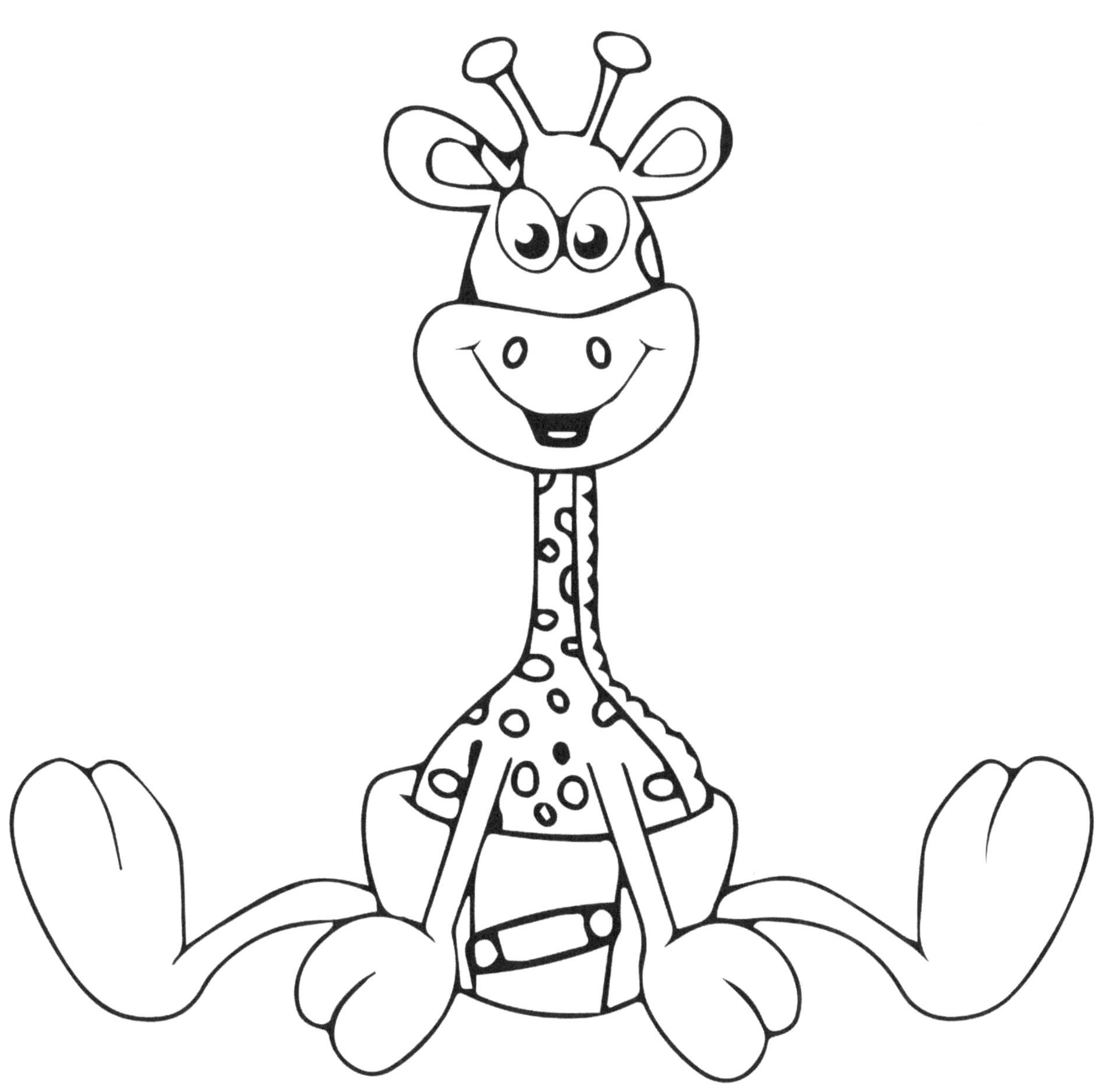

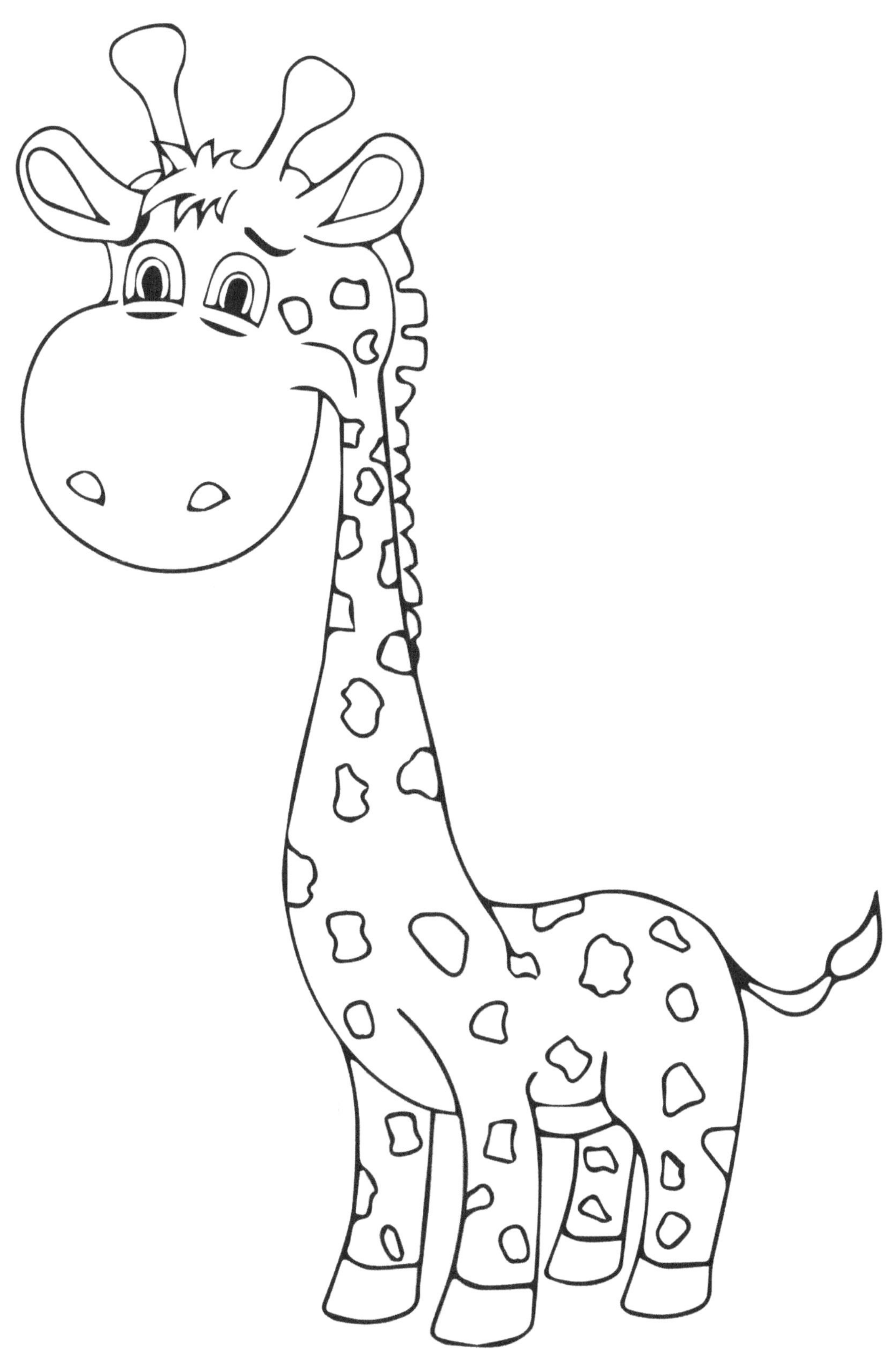

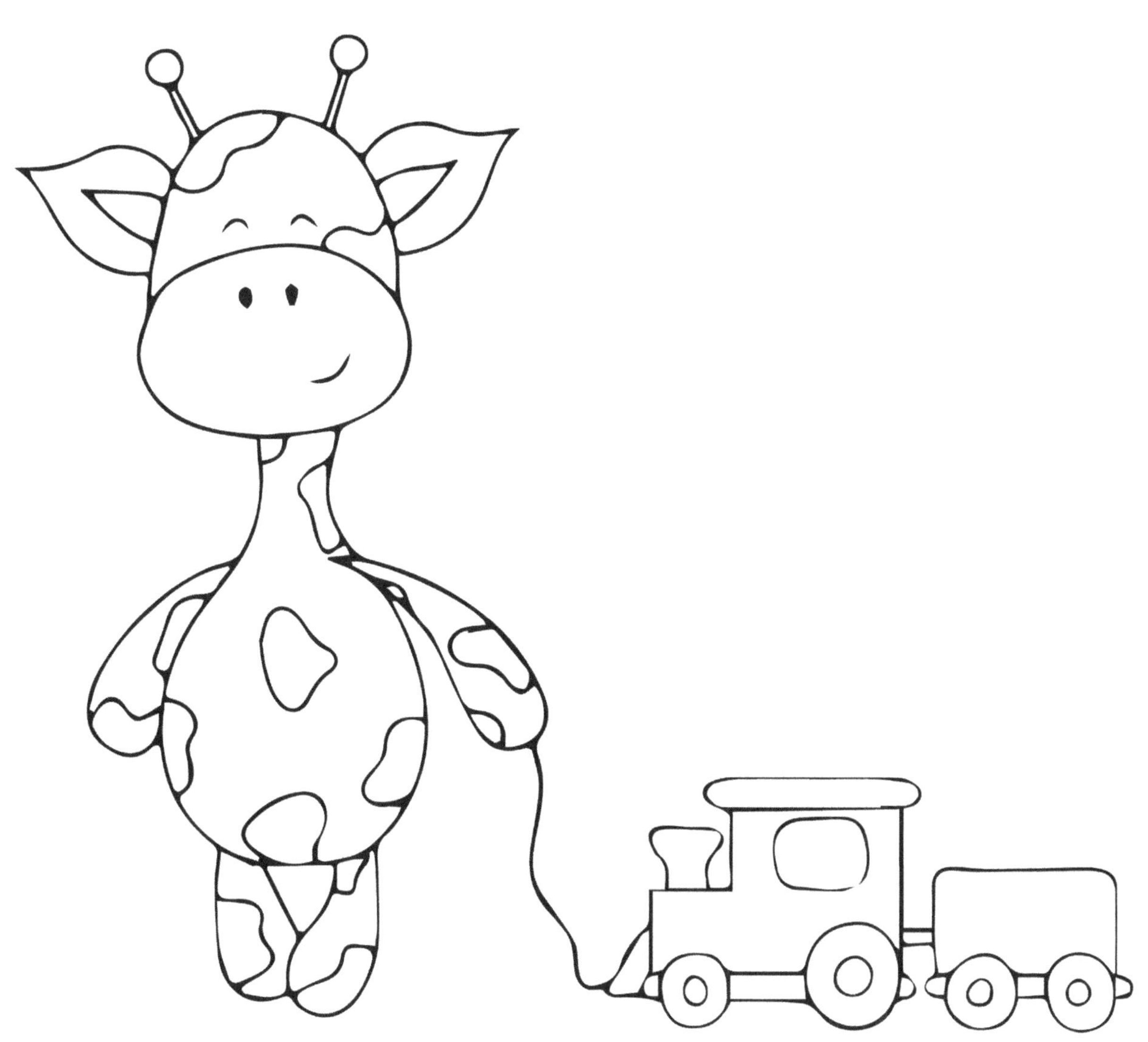

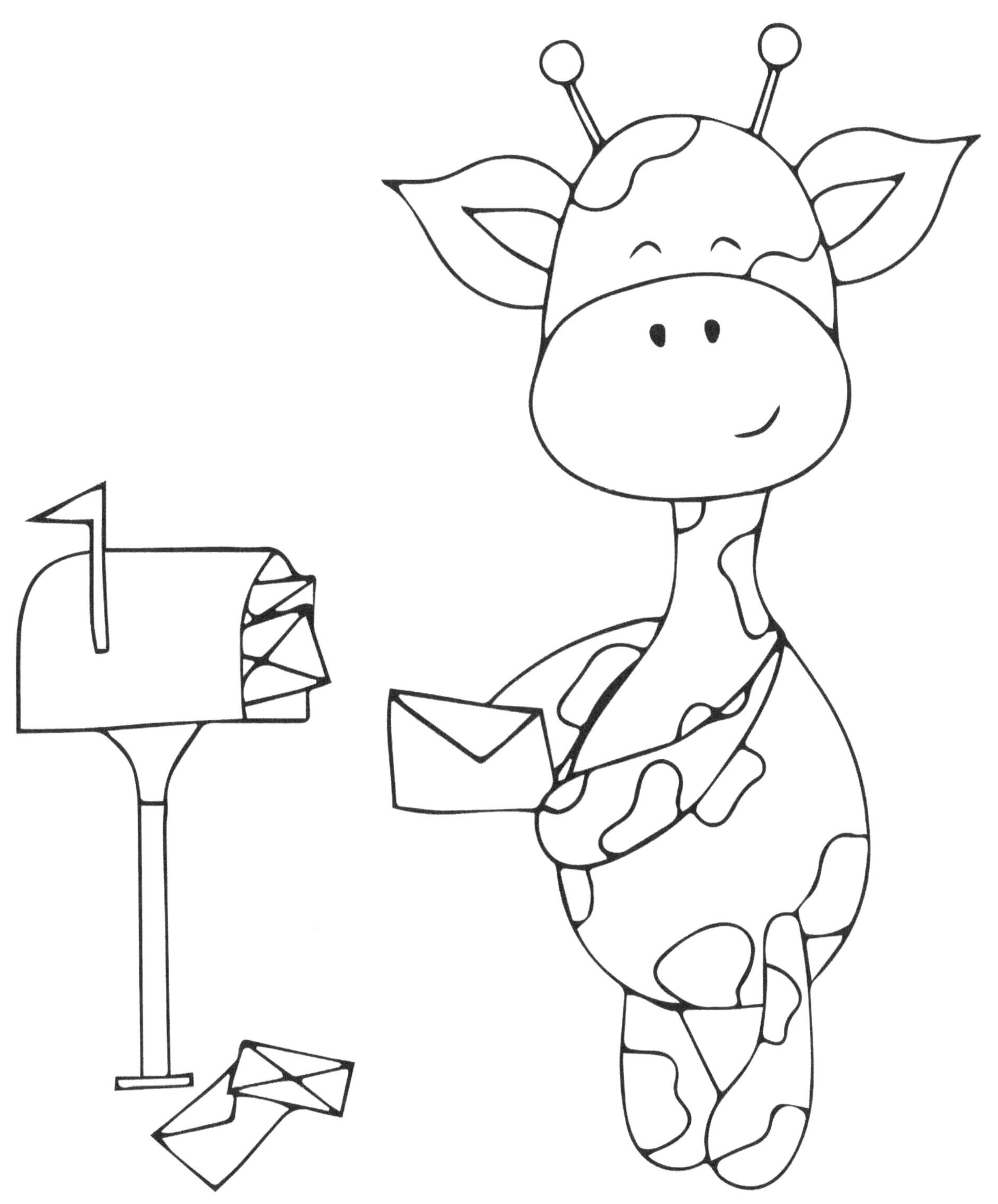

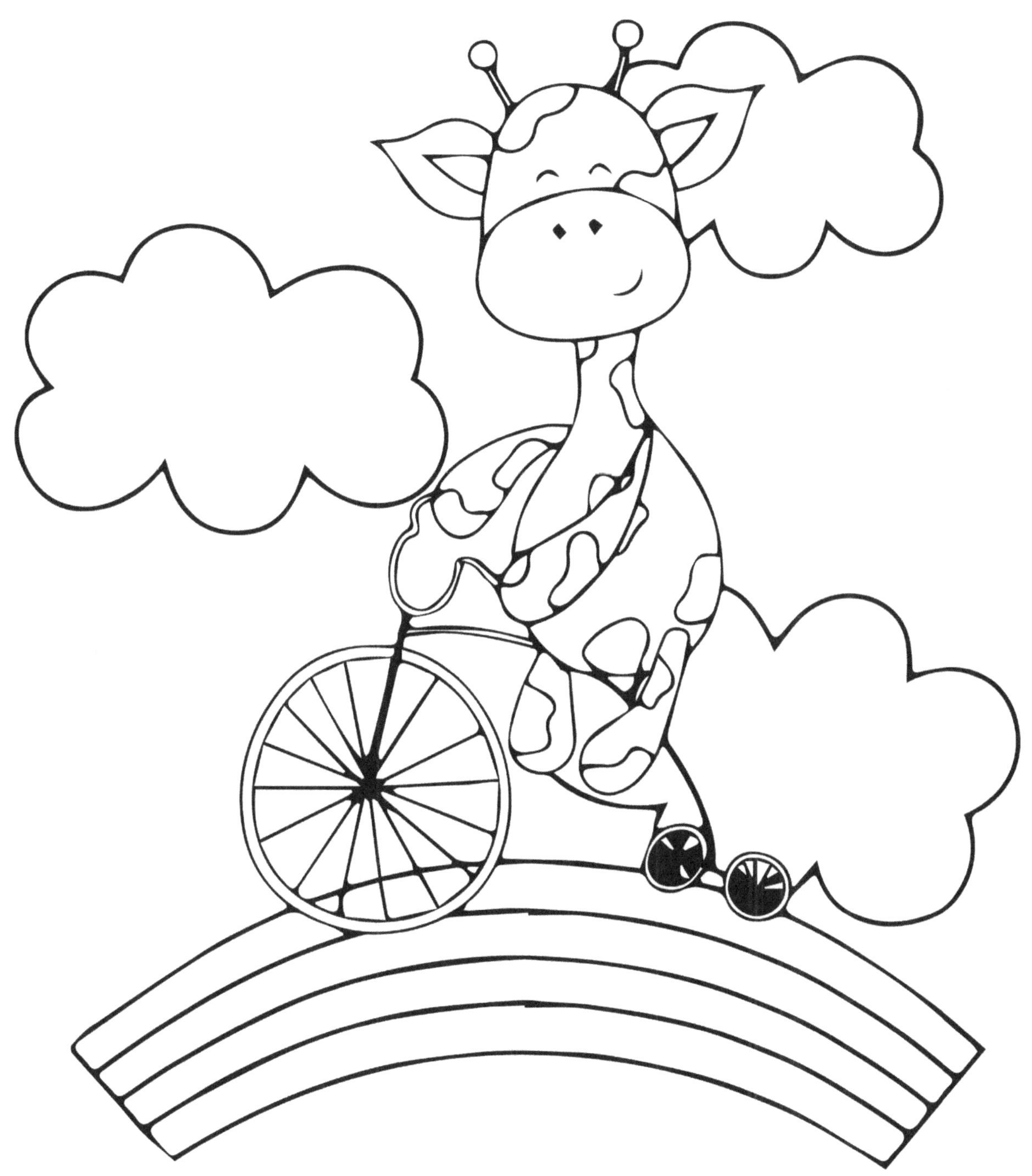

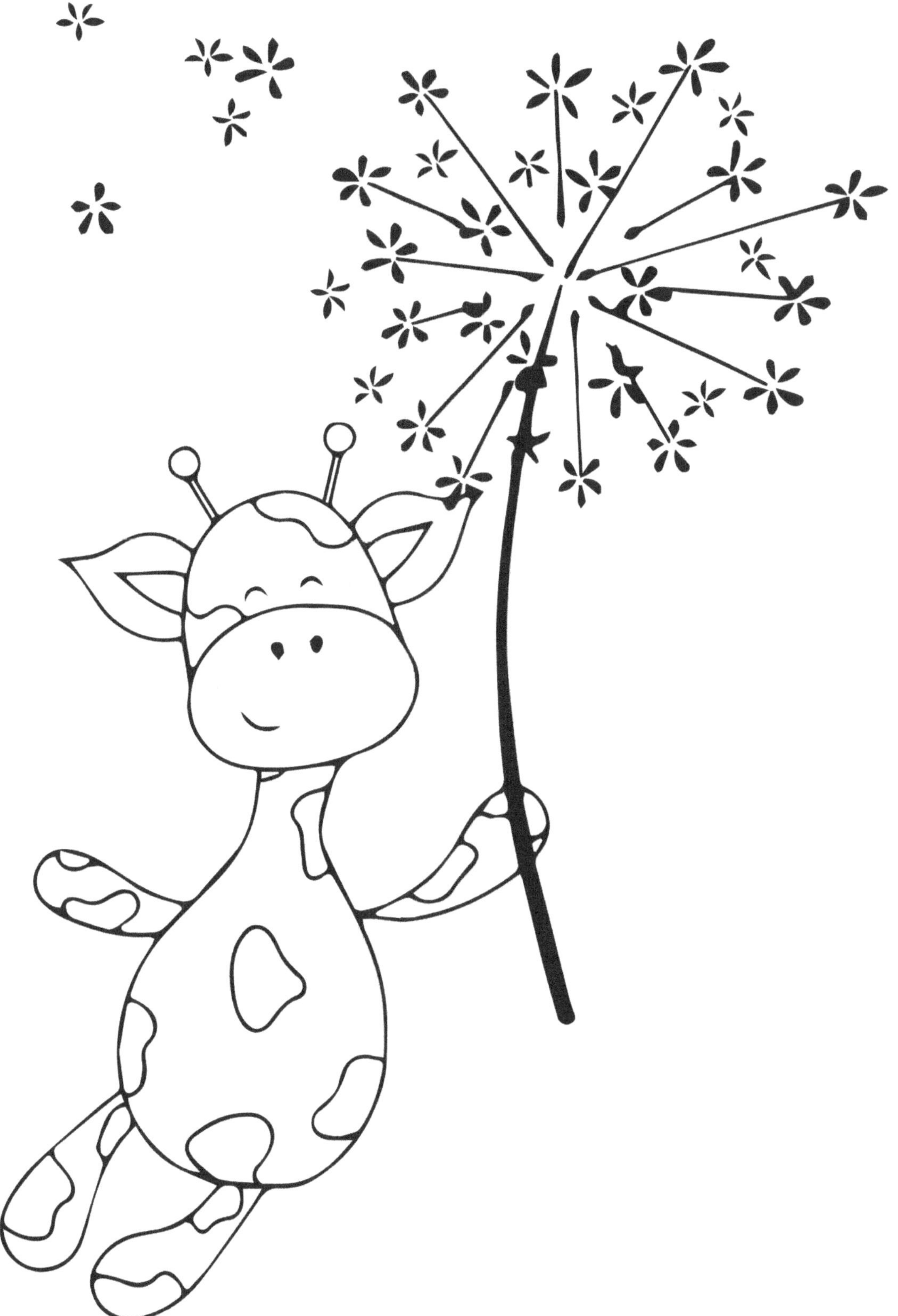

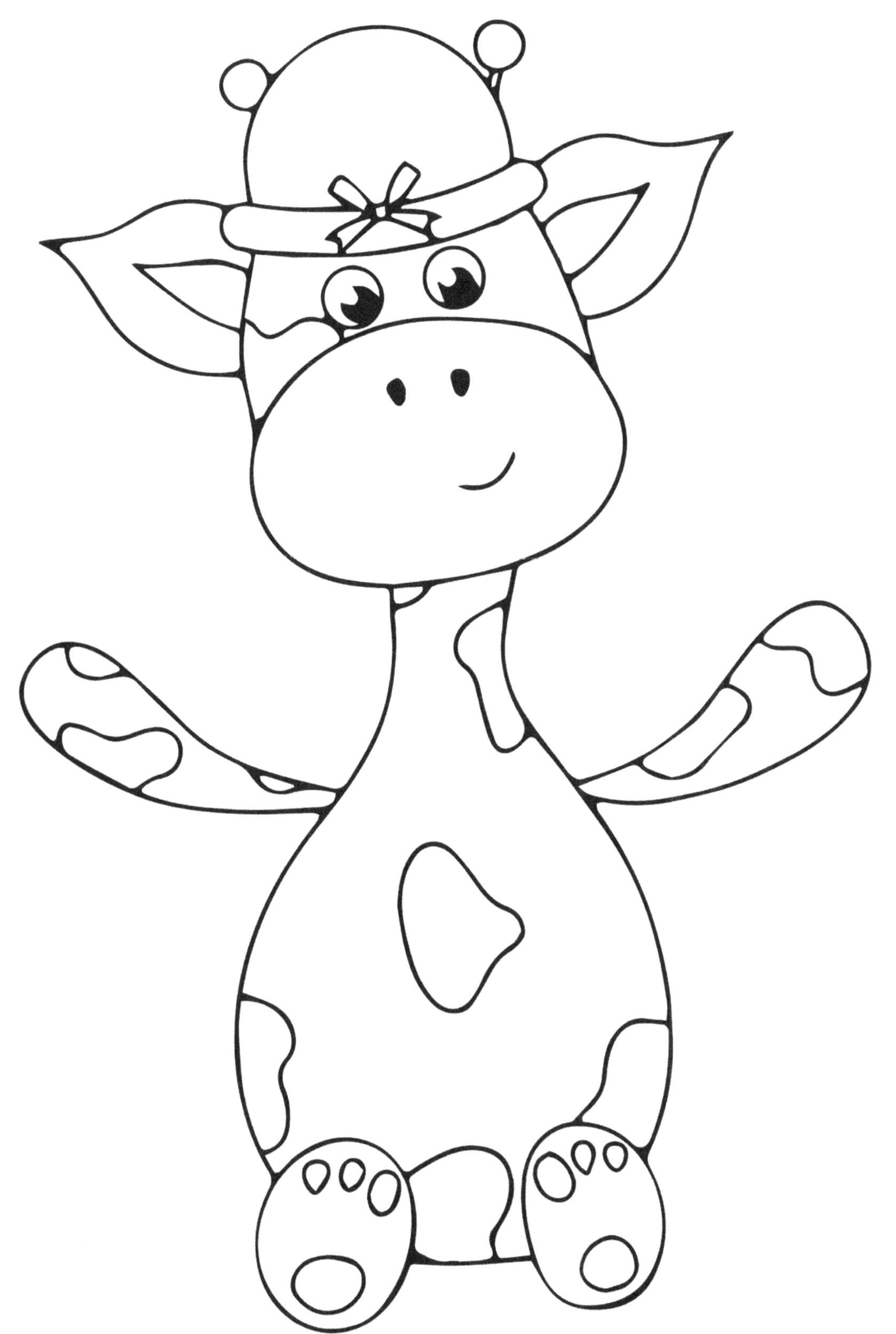

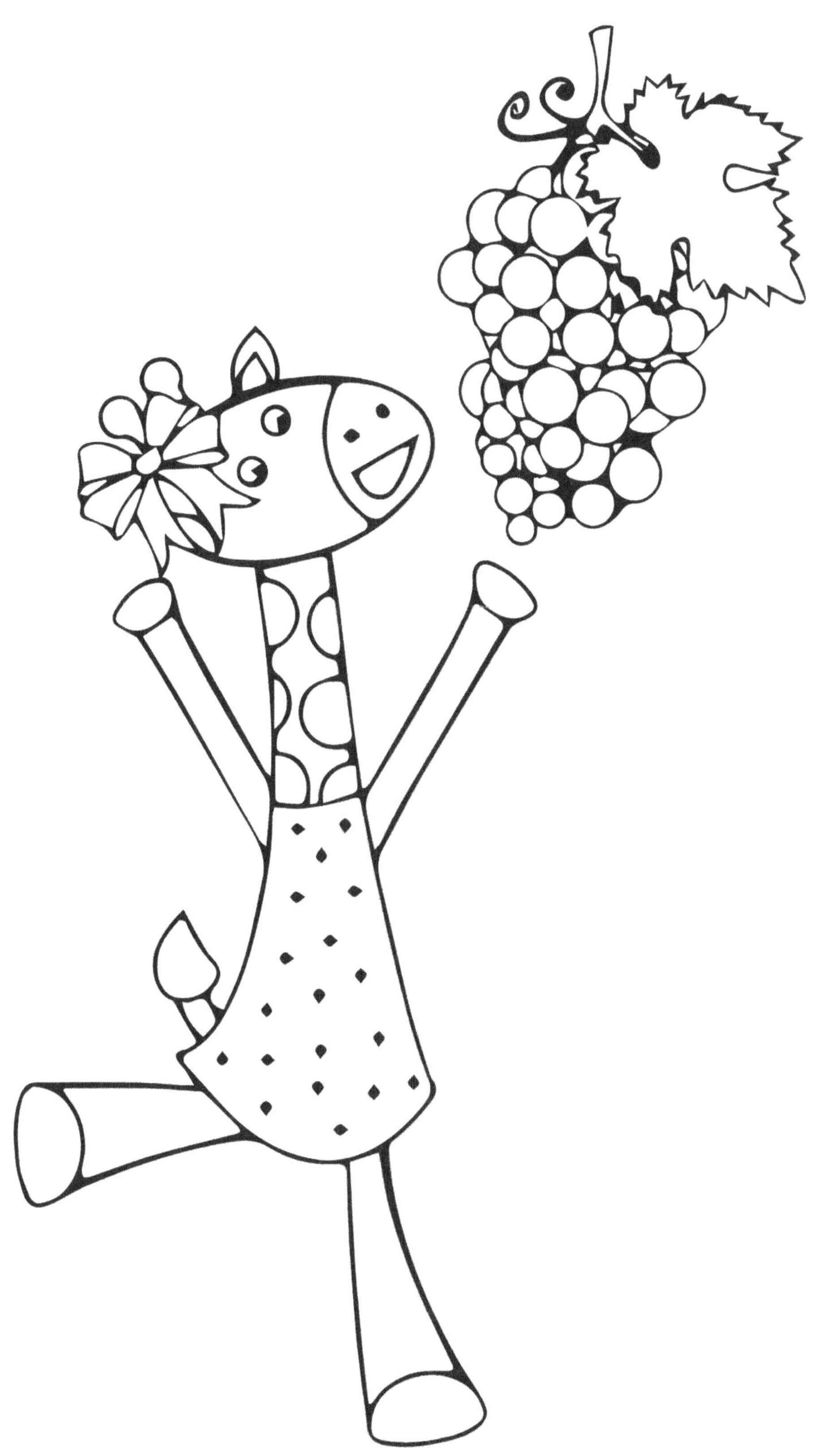

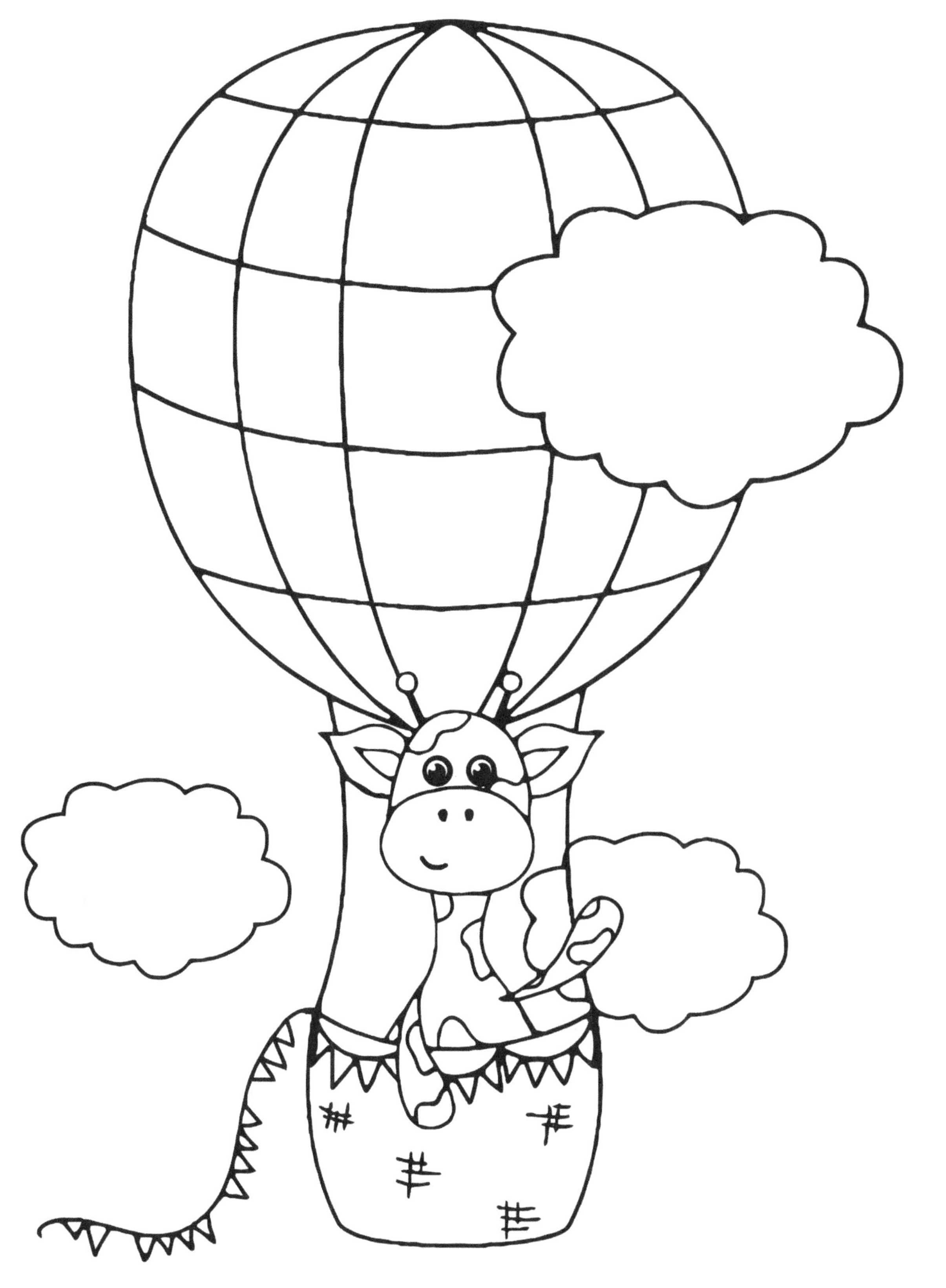

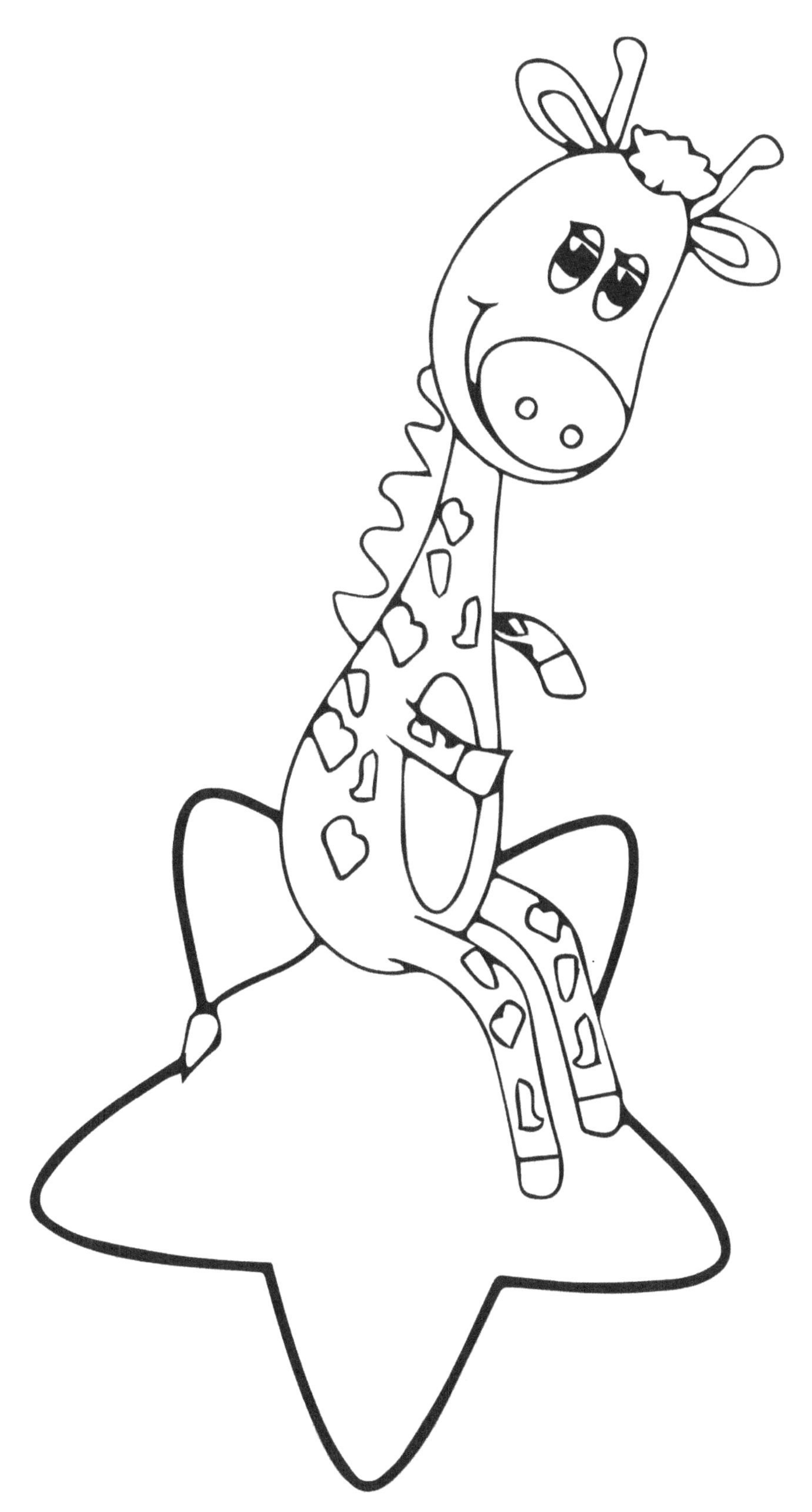

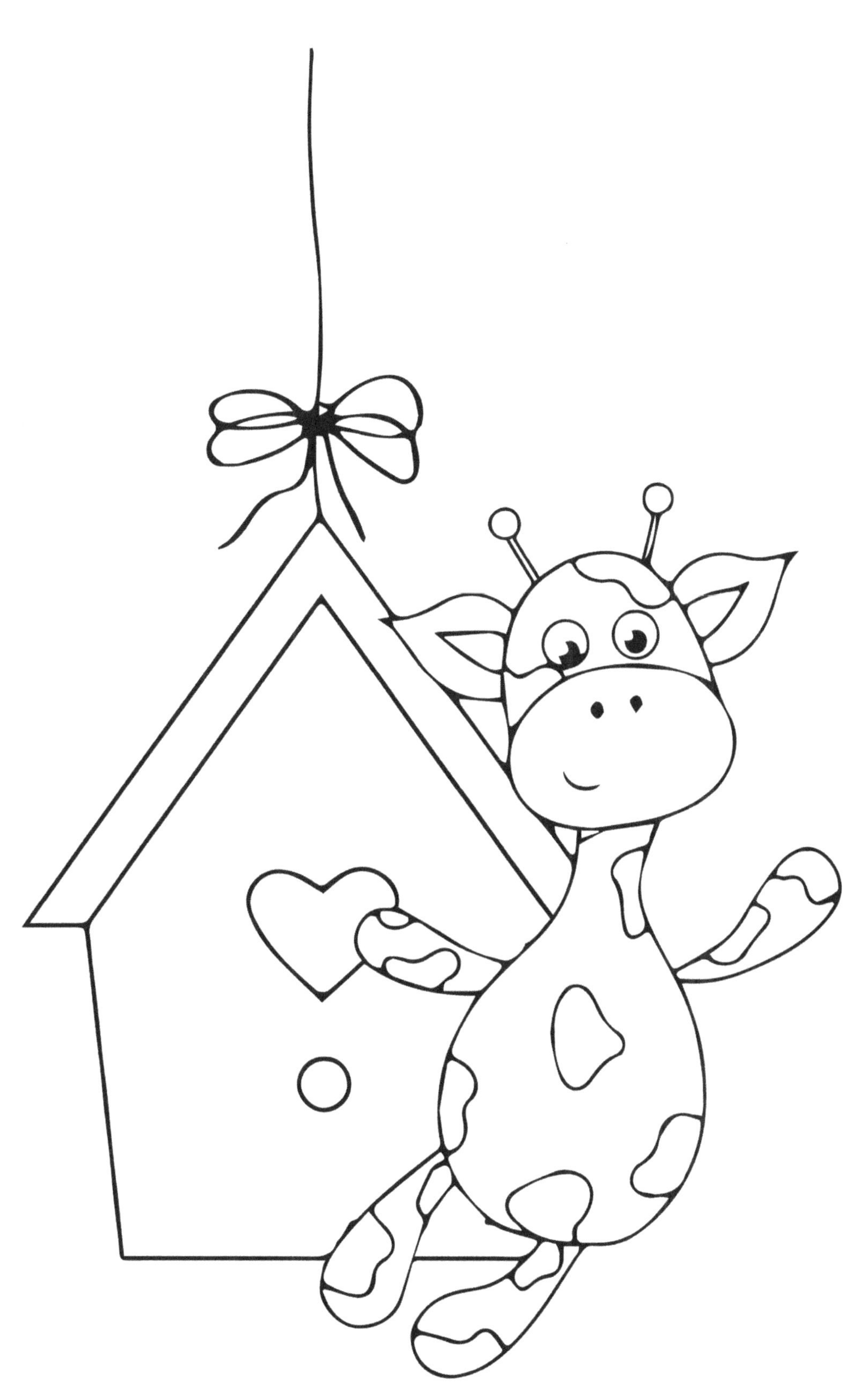

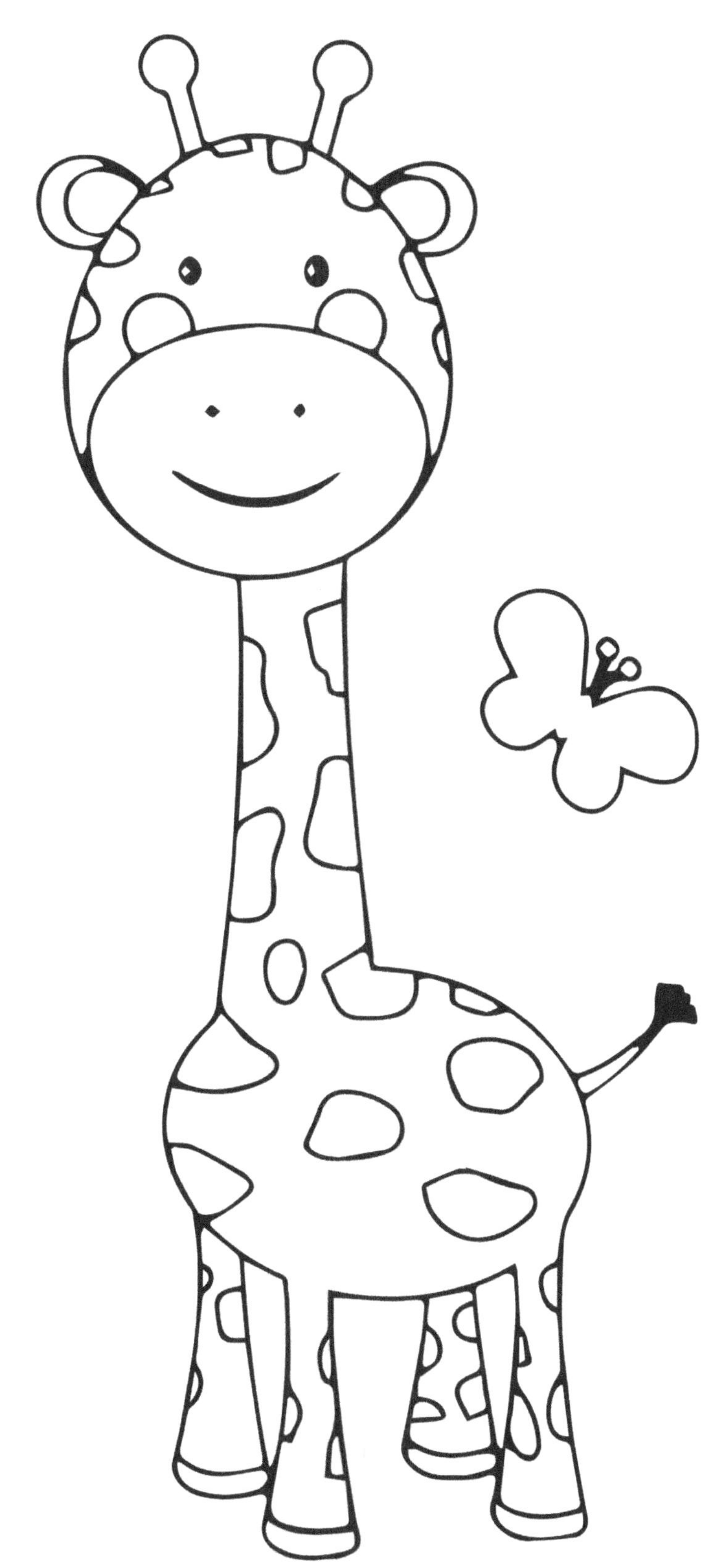

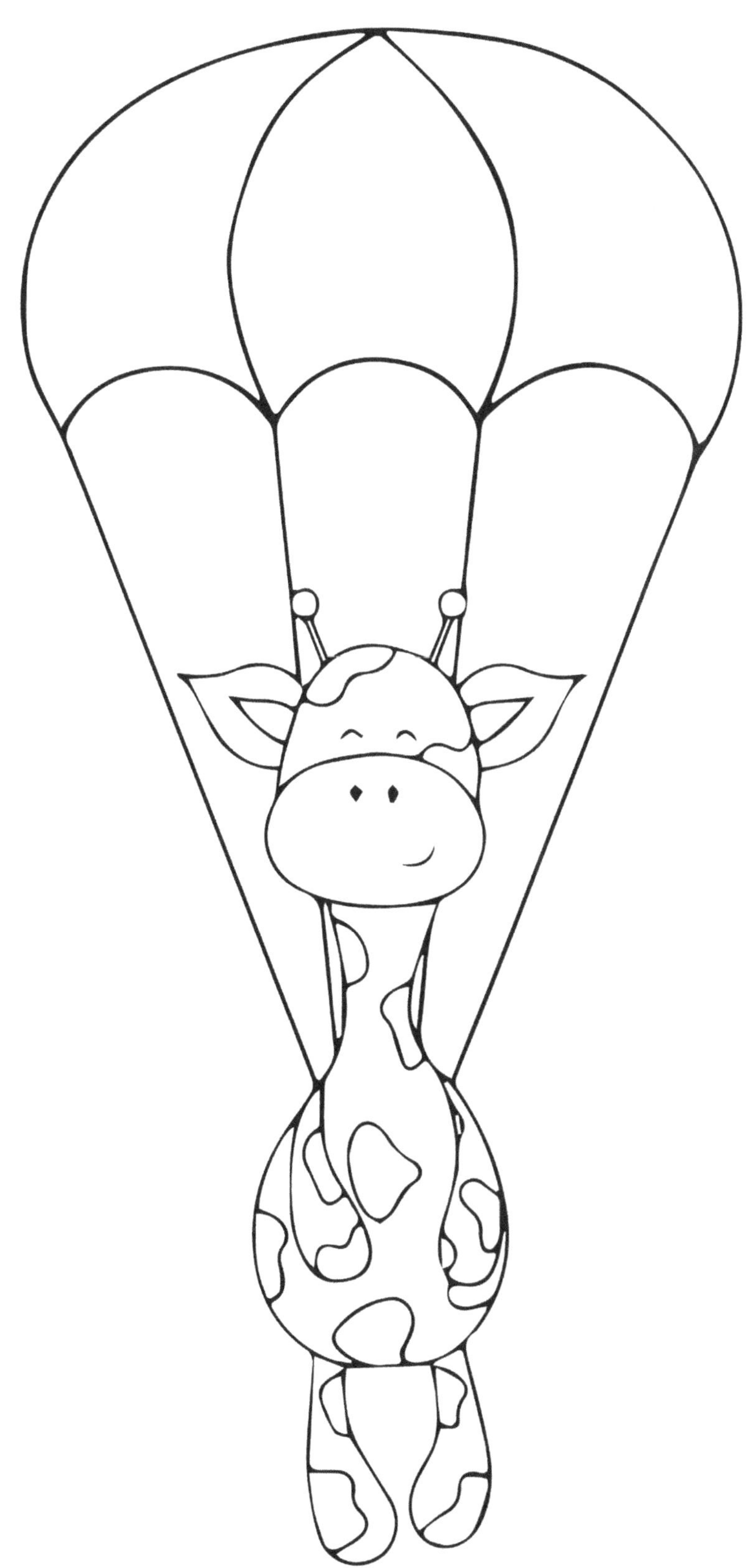

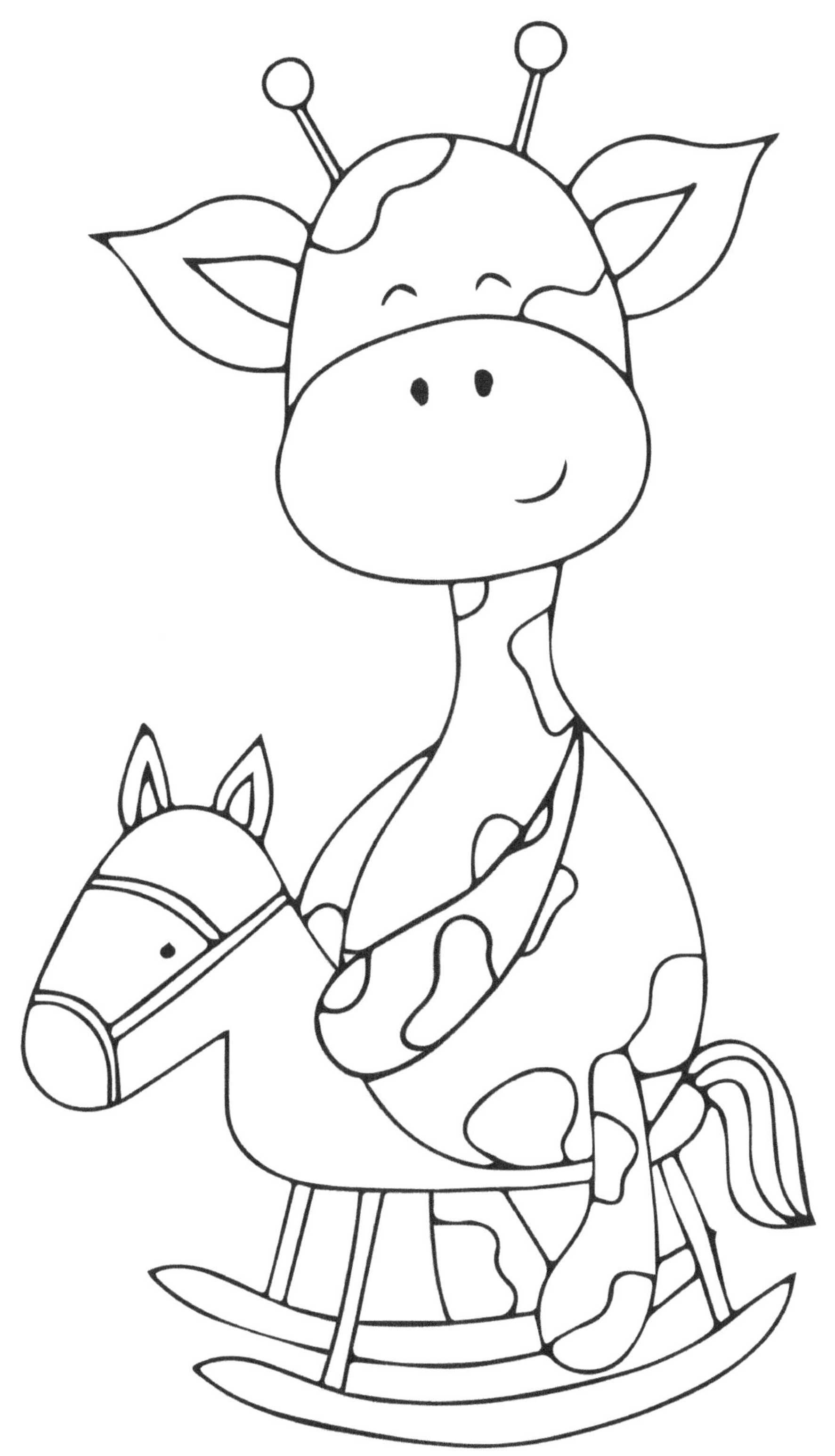

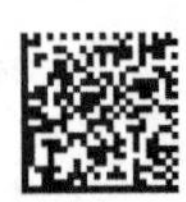
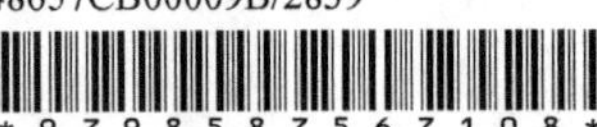

9 7 9 8 5 8 7 5 6 7 1 0 8